Aprendendo com

crianças hiperativas

Um desafio educativo

Dados Internacionais de Catalogação na Publicação (CIP)
(Câmara Brasileira do Livro, SP, Brasil)

Bonet Camañes, Trinidad
　Aprendendo com crianças hiperativas: um desafio educativo / Trinidad Bonet Camañes, Yolanda Soriano García, Cristina Solano Méndez; revisão técnica Iraní Tomiatto de Oliveira; tradução Guillermo Matias Gumucio. - São Paulo : Cengage Learning, 2012.

　1. reimpr. da 1. ed. de 2008.
　Título original: Aprendiendo con los ninõs hiperactivos: un reto educativo.
　Bibliografia.
　ISBN 978-85-221-0649-3

　1. Crianças hiperativas 2. Psicanálise 3. Psicologia infantil 4. Transtorno de déficit de atenção com hiperatividade I. Soriano García, Yolanda. II. Solano Méndez, Cristina. III. Título.

08-07442　　　　　　　　　　　　　　　　　　　CDD-155.45

Índices para catálogo sistemático:

1. Crianças hiperativas : Psicologia infantil 155.45
2. Hiperatividade infantil : Psicologia 155.45

Aprendendo com crianças hiperativas
Um desafio educativo

Trinidad Bonet Camañes
Diretora do Departamento Infantil do Centro de
Estudos e Terapia do Comportamento (Cinteco)
Psicóloga especialista em Psicologia Clínica

Yolanda Soriano García
Psicóloga especialista em Psicologia Clínica
Departamento Infantil do Cinteco

Cristina Solano Méndez
Psicóloga

TRADUÇÃO
Guillermo Matias Gumucio

REVISÃO TÉCNICA
Iraní Tomiatto de Oliveira
Doutora em Psicologia Clínica pelo IP/USP e mestre em Psicologia Clínica pela PUC/SP.
É coordenadora do curso de Psicologia do Centro de Ciências Biológicas e da Saúde
da Universidade Presbiteriana Mackenzie/SP.

Austrália • Brasil • Japão • Coréia • México • Cingapura • Espanha • Reino Unido • Estados Unidos

Aprendendo com crianças hiperativas
Um desafio educativo

Trinidad Bonet Camañes, Yolanda Soriano García e
Cristina Solano Méndez

Gerente Editorial: Patrícia La Rosa

Editora de Desenvolvimento: Tatiana Pavanelli Valsi

Supervisora de Produção Editorial: Fabiana Albuquerque

Produtora Editorial: Fernanda Batista dos Santos

Título Original: Aprendiendo con los Niños Hiperactivos:
un reto educativo (ISBN: 978-84-9732-503-5)

Tradução: Guillermo Matias Gumucio

Revisão Técnica: Iraní Tomiatto de Oliveira

Copidesque: Carlos Alberto Villarruel Moreira

Revisão: Vivian Miwa Matsushita
          Cristiane Mayumi Morinaga

Diagramação: Megaart Design

Capa: Marcela Perroni (Ventura Design)

Ilustração: Javier Prats Bonet

© 2007 International Thomson Editores Spain Paraninfo, S.A.
© 2009 Cengage Learning Edições Ltda.

Todos os direitos reservados. Nenhuma parte deste livro poderá ser reproduzida, sejam quais forem os meios empregados, sem a permissão por escrito da Editora. Aos infratores aplicam-se as sanções previstas nos artigos 102, 104, 106, 107 da Lei nº 9.610, de 19 de fevereiro de 1998.

Para informações sobre nossos produtos, entre em contato pelo telefone **0800 11 19 39**

Para permissão de uso de material desta obra, envie seu pedido para **direitosautorais@cengage.com**

© 2009 Cengage Learning. Todos os direitos reservados.

ISBN 13: 978-85-221-0649-3
ISBN 10: 85-221-0649-5

Cengage Learning
Condomínio E-Business Park
Rua Werner Siemens, 111 – Prédio 20 – Espaço 03
Lapa de Baixo – CEP 05069-900 – São Paulo – SP
Tel.: (11) 3665-9900 Fax: 3665-9901
SAC: 0800 11 19 39

Para suas soluções de curso e aprendizado, visite
www.cengage.com.br

Impresso no Brasil
Printed in Brazil
1 2 3 4 5 6 7   12 11 10 09 08

*"Para todas as crianças
com as quais aprendemos
e continuamos a aprender."*

*"O maior valor não é aquilo que sei,
tampouco o que faço, nem o que tenho.
Nem mesmo o que sou.
É o que sou capaz de compartilhar."*

*"Cada relação nos faz ser algo
que nunca teríamos sido sem ela."*
(Eva Bach e Pere Darder)

Sumário

Prólogo — XI
1. **O que é o déficit de atenção?** — 1
   - 1.1. O que é o déficit de atenção com ou sem hiperatividade? — 2
     - 1.1.1. Evolução cronológica — 2
2. **Quais são as principais manifestações?** — 9
   - 2.1. Quais são as principais manifestações do transtorno? — 10
3. **Como podemos identificar e modificar?** — 15
   - 3.1. Como podemos identificar e modificar as manifestações características do transtorno por déficit de atenção com ou sem hiperatividade? — 16
4. **Déficit de atenção** — 17
   - 4.1. Déficit de atenção — 18
     - 4.1.1. O que é? — 19
     - 4.1.2. Como se manifesta? — 19
     - 4.1.3. Conseqüências — 20
     - 4.1.4. O que podemos mudar para melhorar a atenção? — 21
5. **Impulsividade** — 25
   - 5.1. Impulsividade — 26
     - 5.1.1. O que é? — 28
     - 5.1.2. Como se manifesta? — 28
     - 5.1.3. Conseqüências — 29
     - 5.1.4. O que podemos mudar para melhorar a impulsividade? — 30

6. Hiperatividade — 33
6.1. Hiperatividade — 34
    6.1.1. O que é? — 35
    6.1.2. Como se manifesta? — 36
    6.1.3. Conseqüências — 37
    6.1.4. O que podemos mudar para melhorar a hiperatividade? — 38

7. Dificuldades de autocontrole — 43
7.1. Dificuldades de autocontrole — 44
    7.1.1. O que são? — 46
    7.1.2. Como se manifestam? — 47
    7.1.3. Conseqüências — 47
    7.1.4. O que podemos mudar para aumentar o autocontrole? — 49

8. Estilo cognitivo — 53
8.1. Estilo cognitivo — 54
    8.1.1. O que é? — 56
    8.1.2. Como se manifesta? — 57
    8.1.3. Conseqüências — 58
    8.1.4. O que podemos mudar para favorecer um estilo de pensamento adequado? — 59

9. Dificuldades para adiar as recompensas — 63
9.1. Dificuldades para adiar as recompensas — 64
    9.1.1. O que são? — 65
    9.1.2. Como se manifestam? — 66
    9.1.3. Conseqüências — 66
    9.1.4. O que podemos mudar para favorecer a capacidade de adiar recompensas? — 68

10. Inabilidade motora — 73
10.1. Inabilidade motora — 74
    10.1.1. O que é? — 75
    10.1.2. Como se manifesta? — 75
    10.1.3. Conseqüências — 75
    10.1.4. O que podemos mudar para melhorar a coordenação motora? — 76

11. Relações sociais — 79
11.1. Relações sociais problemáticas — 80
    11.1.1. O que são? — 80

	11.1.2. Como se manifestam?	82
	11.1.3. Conseqüências	83
	11.1.4. O que podemos mudar para melhorar as relações sociais de uma criança portadora de TDAH?	84
12.	**Dificuldades de aprendizagem**	**89**
	12.1. Dificuldades de aprendizagem	90
	12.1.1. O que são?	92
	12.1.2. Como se manifestam?	92
	12.1.3. Conseqüências	94
	12.1.4. O que podemos mudar para melhorar a aprendizagem de crianças hiperativas?	95
13.	**Outras manifestações**	**103**
	13.1. Outras manifestações	104
14.	**Questionário**	**107**
	14.1. Questionário para facilitar a intervenção em sala de aula	108
15.	**Alguns conselhos**	**127**
	15.1. Alguns conselhos	128
Glossário		**135**
Referências		**139**

Prólogo

O Centro de Estudos e Terapia do Comportamento (Cinteco) é uma instituição dedicada à psicologia clínica. Na Espanha, o Cinteco é pioneiro na utilização do modelo cognitivo-comportamental, cujo escopo de trabalho se concentra principalmente na intervenção clínica das variadas patologias e transtornos do comportamento, na pesquisa e na formação de profissionais.

No Departamento Infantil, há muitos anos é prioridade a atualização sobre o conhecimento do transtorno do déficit de atenção com ou sem hiperatividade (TDAH) e sua intervenção clínica.

Em 1998, foi traduzido um dos programas de auto-instrução e habilidades cognitivas mais precisos e completos da década: *Habilidades cognitivas y sociales en la infancia: piensa en voz alta*, de Camp e Bash (1998). Esse trabalho baseou-se nas técnicas de Meinchenbaum sobre a linguagem interna como mediadora do comportamento. Traduziu-se também o *Programa de autocontrol de la tortuga para niños impulsivos e hiperactivos*, de M. Schneider (Bonet, 1992), que foi aplicado na população espanhola.

O nosso principal trabalho, entretanto, tem sido a intervenção clínica com a criança portadora de TDAH, com seus pais e com a escola. Como fruto desse trabalho, desenvolvemos um protocolo que compila a avaliação, o tratamento e o acompanhamento nos três âmbitos mais relevantes:

AVALIAÇÃO

A família	A criança	A escola
● História do desenvolvimento da criança ● Situação atual da família (social e emocional) ● Práticas educativas e manejo de condutas problemáticas ● Tratamentos anteriores ● Presença ou não da sintomatologia	● Capacidades intelectuais ● Atenção ● Problemas de aprendizagem ● Percepção e vivência do problema ● Adaptação pessoal, social, familiar e escolar ● Avaliação da conduta, nível cognitivo e fisiológico	● Análise descritiva e funcional de: ‣ Hábitos de trabalho ‣ Comportamento pessoal e social ‣ Rendimento ● Observações ● Presença da sintomatologia

TRATAMENTO

OS PAIS

- Fase psicoeducativa: informações sobre o transtorno e aceitação. Cuidar de si mesmos, recursos pessoais, ajuda de associações, apoio social etc.
- Estratégias de manejo, práticas educativas: *Programa de los 8 pasos de Barkley* (Barkley, 1995).
- Outros: manejo da ansiedade, autocontrole, manejo de idéias irracionais etc.

A CRIANÇA

- Farmacológico.
- Pedagógico.
- Psicológico.
    - ‣ Auto-instruções   ‣ Solução de problemas
    - ‣ Autocontrole   ‣ Habilidades sociais
    - ‣ Outros: manejo da ansiedade, melhora da auto-estima, regulação emocional.

O COLÉGIO

- Fase psicoeducativa: informações e formação a respeito do transtorno.
- Recursos pessoais: manejo da ansiedade, envolvimento pessoal, relacionamento com o aluno etc.

- Habilidades de manejo na aula: técnicas de modificação de comportamento (controle de estímulos, manejo das conseqüências etc.).
- Plano personalizado da intervenção para o caso: objetivos específicos, metodologia e técnicas, temporalização e avaliação.
- Treinamento específico nas habilidades cognitivas para a aprendizagem escolar.
- Generalização e manutenção do aprendizado individual.

Com base nessa experiência, descobrimos que é justamente no âmbito escolar que há menos ajuda, orientações, publicações, programas etc. Contudo, é na escola que se manifestam intensamente as dificuldades do TDAH; é nesse ambiente que o aluno precisa de mais autocontrole, cumprimento de normas, relacionar-se com os seus semelhantes e, especialmente, prestar e manter a atenção necessária à aprendizagem.

Existem vastas bibliografias e documentação destinadas aos pais e às crianças, além de programas específicos de tratamento psicológico e pedagógico individual. Do mesmo modo, houve muitos avanços nos últimos anos sobre o conhecimento neurológico e seu tratamento farmacológico. Atualmente, existe uma consciência entre os pediatras e médicos de família sobre a importância do diagnóstico precoce.

Apesar desses avanços, existem poucas publicações destinadas aos professores e educadores que trabalham cotidianamente com a criança portadora de TDAH em sala de aula e, ao mesmo tempo, com o restante da classe.

Está claro para nós e para todos os profissionais que trabalham com esse transtorno que somente intervindo de maneira interdisciplinar é possível obter mudanças consistentes. É um trabalho de equipe no qual cada um tem a sua parcela de intervenção, com objetivos específicos e não somente com um papel meramente de coordenação, o qual, por si só, já seria muito importante.

ATENÇÃO

- É justamente no ambiente escolar que há menos ajuda, orientações, publicações e programas.
- É na escola que se manifestam, com maior intensidade, as dificuldades do transtorno.
- Neste livro, você encontrará muitas idéias e dicas para ajudar a criança portadora de TDAH.

Este livro pretende ser uma pequena, mas necessária, contribuição para o trabalho de professores que lidam com crianças portadoras de TDAH. Não é um livro para ser lido do início ao fim, com o propósito único de melhorar ou ampliar o conhecimento sobre o transtorno; pelo contrário, supõe-se que o leitor já possua conhecimento prévio sobre o assunto, e, se não for o caso, há livros mais adequados.

A obra que você tem em mãos é um manual direcionado aos professores, para que estes possam lidar com o TDAH dentro da sala de aula. É um trabalho de recopilação sobre técnicas já conhecidas (com o merecido agradecimento a cada fonte de inspiração), no qual incluímos também as nossas próprias idéias, contribuições, conhecimentos e, especialmente, experiências.

Esperamos que este livro alcance pelo menos parte do objetivo aqui proposto e, sobretudo, que seja útil para professores e educadores.

> **LEMBRETE**
>
> Muitas das técnicas descritas aqui são fáceis de ser aplicadas pelos pais em casa e com os irmãos: nas refeições, na hora de ir dormir, na sua autonomia, no autocuidado e na higiene pessoal, na hora de obedecer, de fazer compras, com as visitas etc.

O livro está estruturado a partir das principais manifestações do TDAH, oferecendo estratégias concretas para a melhoria de cada uma delas. Ele pode ser aberto e fechado mil vezes. O objetivo deste trabalho é proporcionar elementos fundamentais para o planejamento da intervenção e da avaliação, além de propor novas e diferentes metas.

Estamos conscientes das dificuldades que uma criança com tais características apresenta na família e na sala de aula, já que estes são os lugares nos quais ocorrem as suas "perdas de controle", produzindo, ao longo do tempo, uma situação de desgaste que não está de forma alguma relacionada à falta de envolvimento.

É também correto afirmar que não se trata dos lugares mais adequados para trabalhar, pois são – citando a expressão usada por Barkley – o "ponto de rendimento". No entanto, se é nesses ambientes que vivem as crianças com TDAH, então é neles que devemos agir para ajudá-las.

Prólogo

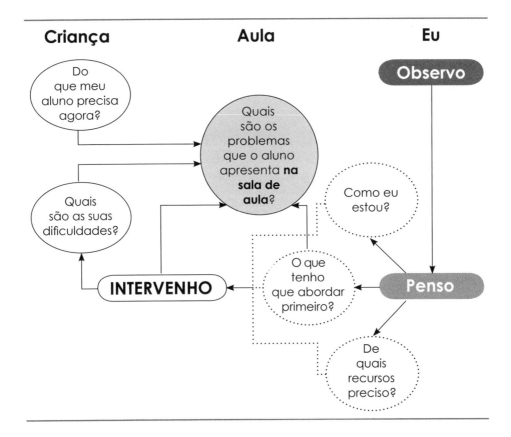

Além disso, sabemos da "exigência" constante sofrida pelos professores quanto à intervenção e dos poucos recursos colocados ao seu alcance. Por ser um problema tão freqüente, é paradoxal que seja tão pouco conhecido e que receba atendimento ainda deficiente. Muitos fatores contribuem para os estereótipos que cercam as crianças com TDAH: pouca formação, ausência de ajuda econômica, falta de reconhecimento das necessidades educativas especiais, escassas adaptações curriculares, sobrecarga de trabalho das equipes multidisciplinares, falta de profissionais qualificados especificamente nos centros educativos e uma infinidade de outros problemas.

Estamos cientes de que podemos ajudar essas crianças, SOMOS aqueles que optaram pela infância, SOMOS o sujeito que pode mudar a história de cada uma delas.

É por tudo isso que batalhamos, é por tudo isso que seguimos o nosso caminho, é por tudo isso que a nossa intenção não é obter um doutorado, também necessário, sobre o TDAH, não é dar aulas, mas sim acrescentar o nosso grão de areia, por meio deste trabalho, para formar uma equipe, colaborar e sermos todos capazes de melhorar o presente e o futuro dessas crianças.

Capítulo 1

O que é o déficit de atenção?

1.1. O QUE É O DÉFICIT DE ATENÇÃO COM OU SEM HIPERATIVIDADE?

É uma alteração do desenvolvimento da atenção, da impulsividade e da conduta governada por regras (obediência, autocontrole e resolução de problemas), que se inicia nos primeiros anos do desenvolvimento; é significativamente crônica e permanente na sua natureza e não pode ser atribuída a atraso mental, surdez, cegueira ou algum outro déficit neurológico maior ou a outras alterações emocionais mais severas, como a psicose ou o autismo, por exemplo. (Barkley, 1982)

O comportamento das crianças com esse déficit é caracterizado por uma diminuição persistente na capacidade atencional, um aumento notável da atividade e impulsividade, cuja freqüência e severidade são maiores que aquelas tipicamente observadas nos demais indivíduos com um nível equiparado de desenvolvimento. Tais comportamentos surgem em muitas situações e são mantidos durante toda a vida. Ainda que na adolescência e na vida adulta algumas manifestações tendam a diminuir consideravelmente (como o excesso de movimentos e a impulsividade) – especialmente se a intervenção for precoce –, os déficits de atenção persistem.

1.1.1. EVOLUÇÃO CRONOLÓGICA

Bebês
- Temperamento difícil.
- Problemas na sua criação: dificuldades nos hábitos alimentares e no sono.
- Problemas de adaptação a situações novas.
- Excessivamente ativos.
- Reações desproporcionais aos estímulos ambientais.
- Coordenação motora pobre.
- Dificuldades no desenvolvimento da linguagem.
- Propensos a acidentes.

Educação infantil
- Crianças muito ativas e inquietas.
- Dificuldades na aquisição de hábitos.

O que é o déficit de atenção?

- Desobedientes.
- Propensas a acidentes.
- Brincadeiras imaturas.
- Não cooperam em atividades de grupo.
- Interação negativa entre mãe e filho.

Etapa escolar

- Problemas de atenção.
- Dificuldades no rendimento escolar.
- Incapacidade para responder às exigências da aprendizagem.
- Dificuldade para seguir normas.
- Dificuldade para aprender com a própria experiência.
- Dificuldade de avaliar as conseqüências das próprias ações.
- Integração social pobre e agressividade.
- Baixa auto-estima e frustração.
- Menos ativas e inquietas.

Adolescência
- Dificuldades escolares.
- Dificuldades de autocontrole e escassa inibição do comportamento.
- Problemas de comportamento.
- Funcionamentos adaptativo, social e emocional deficientes.
- Os adolescentes apresentam baixa auto-estima, dificuldade de se defender e sintomatologia depressiva.

Idade adulta
- Persistem as dificuldades de maneira mais atenuada, principalmente de concentração e impulsividade.
- Os indivíduos têm dificuldade para organizar e controlar as tarefas e o tempo.
- Capacidade reduzida para desenvolver um trabalho independente e sem supervisão.
- Progressão mais lenta no *status* educativo e ocupacional.

> **ATENÇÃO**
>
> O TDAH é um transtorno que se manifesta no comportamento da criança e tem como origem uma alteração neurológica. Trata-se de uma alteração no padrão de funcionamento de uma parte do cérebro, o lobo frontal, envolvido nas funções executivas.

O que são e para que servem essas funções? De modo geral, podemos afirmar que elas impedem a criança de ser capaz de guiar o seu próprio comportamento em direção a uma meta desejada, ou seja, "ela pode querer chegar, mas há algo que a impede", e esse *algo* é a incapacidade de autocontrole. De fato, as crianças com TDAH são incapazes de controlar seus impulsos. Esse transtorno também é chamado "transtorno executivo de autocontrole".

Usar o autocontrole para dirigir uma conduta visando ao futuro é algo especificamente humano, nenhum outro animal possui essa característica; no entanto, ela não depende somente da vontade. Às vezes, enxergamos essas crianças como se elas não quisessem se controlar, mas esse comportamento é involuntário. Não devemos perder de vista que há alguns fatores neurológicos que, com o aprendizado e a educação, são responsáveis pelo autocontrole. Se esses sistemas estão prejudicados, por mais que a criança colabore, ela continuará a ter um autocontrole muito frágil.

É importante discorrer um pouco mais sobre as atribuições dessas funções executivas e sobre o que aconteceria se elas falhassem. Desse modo, estaremos mais perto da compreensão do assunto e poderemos ajudar a criança com TDAH. A seguir, apresentamos as funções executivas, como fez Barkley.

São quatro as funções EXECUTIVAS:

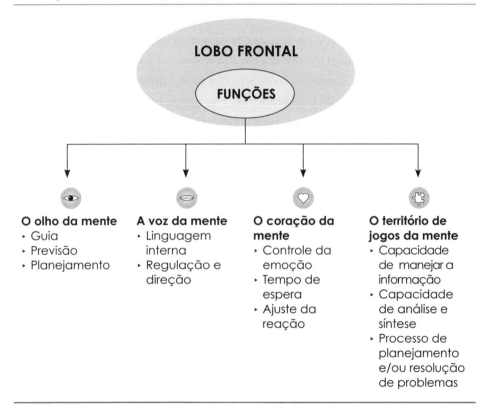

O **olho da mente**: é o responsável por reviver o passado para que este sirva de guia no futuro, marcando como a pessoa deve atuar no presente. Serve para olhar o futuro com previsão, ajudando a planejar o futuro com base na experiência. Começa a desenvolver-se aos 3 meses de idade e alcança o seu desenvolvimento máximo aos 10 anos. As crianças com TDAH são muito presas ao presente, para agir não pensam nem no passado, tampouco no futuro. Assim como o cego não enxerga, as crianças com TDAH não captam as conseqüências de sua própria conduta, e isso não significa que elas se esquivem de cumprir as suas responsabilidades. Por isso, muitas vezes assumem riscos desnecessários, parecem descuidadas, não têm medo do futuro e são incapazes de fazer previsões. Elas também não aprendem com a experiência e tropeçam centenas de vezes na mesma pedra.

> É como se as crianças estivessem na praia, de costas para o mar: não prevêem as ondas, tampouco atuam com base no que está na iminência de acontecer. Por isso, não pulam e são derrubadas pela onda.

A voz da mente: desenvolve-se entre o nascimento e os 3 anos de idade. As crianças de 3 a 5 anos falam consigo mesmas em voz alta, e as de 5 a 7 anos de idade sussurram, sendo possível observar o movimento de seus lábios, até chegarem à linguagem interna que guia seu comportamento (o pensamento). Essa linguagem interna nos regula e direciona com relação ao que temos que fazer, entretanto as crianças com TDAH têm o hábito de falar em voz alta. Por isso, costumam falar mais que as outras crianças, já que sua fala é menos internalizada ou privada, carecendo da linguagem interna, ou esta não cumpre seu papel. Essas crianças parecem mais imaturas porque a voz da sua mente também está menos desenvolvida, com menos capacidade para seguir regras, falar consigo mesmas, regular o comportamento pelas normas etc.

O coração da mente: controla as emoções. Não as causa, mas modifica-as de acordo com a situação. Dizemos às crianças para esperarem e contarem até dez para reagir quando estão entediadas – trata-se de retardar a resposta –, e nesse tempo de espera elas podem se acalmar, voltar a avaliar o que aconteceu de maneira mais racional e objetiva e ajustar a sua reação, evitando agir impulsivamente. Parece que as crianças com TDAH são muito mais emotivas, não sabem inibir os seus sentimentos, não sabem acomodá-los às particularidades da situação, respondendo de forma muito rápida, não sabem separar os atos dos sentimentos pessoais. Não fazem a regulação de suas emoções, que costumam surgir muito amplificadas ou exageradas.

O coração da mente também controla a motivação interna: as crianças com TDAH têm muitos problemas com a persistência, devido à curta duração de sua atenção. Não são capazes de criar uma motivação pessoal e privada que as mantenha na atividade; dependem mais que qualquer um da motivação externa e, por isso, é preciso buscar fontes artificiais, como os prêmios.

🧩 **O território de jogos da mente**: refere-se à capacidade de manejar a informação para escolher as diferentes maneiras de fazer as coisas. Essa habilidade começa a se desenvolver no primeiro ano de vida e prossegue durante os próximos vinte a trinta anos. Está relacionada à capacidade de análise e síntese, às dificuldades na memória de trabalho. As crianças não realizam processos de planejamento ou de resolução de problemas. Com essa habilidade, decompomos as mensagens e informações em partes mais simples. No entanto, as crianças com TDAH não usam os detalhes como diferenciadores de situações, geram escassas soluções para os problemas do cotidiano, exploram muito menos os objetos e analisam menos o que fazem. Ainda que exista informação no meio que indique outro comportamento como mais adequado, a criança com TDAH não considera essa informação e realiza, invariavelmente, a mesma conduta. Se a informação não é muito visível e tangente, ela praticamente não existe por si só na cabeça dessas crianças.

Tudo isso deve nos ajudar a mudar a forma como temos de entender a vontade, compreendendo que esta se desenvolve muito mais tardiamente e que o resultado final é provavelmente de menor eficácia do que em pessoas que não padecem do mesmo transtorno.

LEMBRETE

- O transtorno de déficit de atenção surge na mais tenra idade.
- As dificuldades aparecem em diferentes contextos.
- A intensidade e a freqüência dos sintomas repercutem nas diferentes áreas do seu desenvolvimento.
- Há necessidade de diagnóstico e tratamento precoces.

Capítulo **2**

Quais são as principais manifestações?

2.1. QUAIS SÃO AS PRINCIPAIS MANIFESTAÇÕES DO TRANSTORNO?

As dificuldades persistentes na atenção e no controle de impulsos e o excesso de atividade são características intrínsecas ao transtorno. Essas características dificultam o funcionamento da criança em diferentes ambientes e implicam repercussões muito variadas na vida cotidiana.

Ainda que não sejam as únicas, atualmente se considera que as principais manifestações do transtorno hiperativo são:

1. **Hiperatividade**: é um excesso de atividade em relação à idade e às exigências do entorno.
2. **Déficit de atenção**: problemas para focalizar a atenção nos estímulos durante um tempo suficiente.
3. **Impulsividade**: dificuldade no controle dos impulsos.
4. **Dificuldades no autocontrole**: problemas para exercer controle sobre si mesmas e sobre as suas atividades.
5. **Estilo cognitivo característico**: são sujeitos assistemáticos que não planejam as suas atividades e são pouco estruturados etc.
6. **Dificuldades para obter recompensas posteriores**: precisam de satisfação imediata, de modo que os prêmios e castigos atribuídos no futuro não são úteis.
7. **Inabilidade motora**: com freqüência, são consideradas crianças pouco hábeis. Ainda que estejam em constante atividade, apresentam dificuldades na coordenação de movimentos, o que acarreta tropeços freqüentes ou quedas de objetos de suas mãos.
8. **Relações sociais problemáticas**: as dificuldades anteriormente citadas repercutem e dificultam as relações sociais da criança. O comportamento agitado e pouco reflexivo faz com que se comporte em determinados momentos de forma agressiva e seja rejeitada pelos colegas; além disso, as crianças com TDAH não aprendem por ensaio e erro.
9. **Dificuldades de aprendizagem**: são freqüentes os atrasos escolares, que afetam todas as áreas.

Com base nos sintomas predominantes, é possível diferenciar três subtipos:

Tipo com predomínio de déficit de atenção	Tipo com predomínio hiperativo-impulsivo	Tipo combinado
Predominam os sintomas de falta de atenção, e os sintomas de impulsividade-hiperatividade são leves ou não ocorrem.	Predominam os vários sintomas de hiperatividade-impulsividade com poucos (ou nenhum) sintomas de falta de atenção.	Verificam-se sintomas de falta de atenção, impulsividade e hiperatividade.

PARA REFLETIR

Muitas crianças do tipo desatento passam despercebidas porque incomodam menos. Em razão disso, o TDAH é diagnosticado tardiamente.

Muitas crianças com problemas de comportamento são rotuladas como hiperativas.

O que se observa nesse transtorno é um *estilo de comportamento inadequado*, em que a intensidade e o tipo de manifestações variam de um sujeito para outro e também em um mesmo sujeito. Isso é decorrente da vários fatores: motivação para a tarefa, facilidade ou dificuldade da atividade, monotomia ou diversidade, saúde física do sujeito, cansaço, estruturação do ambiente etc.

Essas crianças manifestam mais problemas em situações ou atividades que lhes parecem monótonas ou chatas, em situações que exigem um grau notável de organiza-

O QUE DEVE SER CONSIDERADO

- É um estilo de comportamento inadequado.
- A intensidade e o tipo de manifestações variam de uma criança para outra.
- Essas manifestações podem ser diferentes em uma mesma criança, o que dependerá de fatores situacionais, emocionais, motivacionais etc.

IMPORTANTE

"Nem todos os hiperativos se movimentam muito, e nem todos aqueles que se movimentam muito são hiperativos."

As crianças hiperativas se movimentam mais nos momentos em que mais precisariam ficar quietas.

"Nem todas as crianças que se distraem demais são hiperativas, e nem todos os hiperativos têm dificuldades em prestar atenção o tempo todo."

Quando as crianças hiperativas estão realizando uma tarefa que exige que elas parem e pensem, é exatamente o momento em que apresentam mais dificuldades de atenção, pois todos os estímulos que as rodeiam invadem a sua percepção.

Essas crianças, entretanto, são capazes de permanecer atentas em outras atividades que não exigem tanto esforço mental, como assistir a um filme, jogar videogame etc.

"Nem todas as crianças que têm dificuldade de autocontrole e agem impulsivamente são hiperativas, mas todos os hiperativos agem impulsivamente."

PRINCIPAIS DIFERENÇAS:

1. As crianças hiperativas ainda não adquiriram um determinado autocontrole quando chegam a uma idade em que se espera que isso tivesse ocorrido.
2. Elas não sabem adequar o seu comportamento às situações: falam da mesma maneira com o pai e com um policial. O comportamento adotado em casa é o mesmo apresentado em outros lugares, como um consultório médico etc.
3. Quando têm que resolver um problema, surgem diferentes dificuldades:
   - indicam apenas uma única alternativa, ou seja, fazem a primeira coisa que vem à cabeça;
   - geralmente essa alternativa não é adequada;
   - se lhes pedem que reflitam sobre outras opções, estas são sempre variações da primeira; e
   - não aprendem com os próprios erros.

ção e de esforço mental continuado e quando percebem exigências excessivas por parte do meio. O cansaço também influencia, sendo mais adequado realizar as tarefas repetitivas, difíceis ou que exigem mais tempo de concentração pela manhã, e dedicar as tardes à realização de atividades físicas, novas e atrativas.

A sintomatologia diminui quando essas crianças têm que realizar atividades supervisionadas por outras pessoas ou os agentes socializadores (pais, professores, monitores, colegas etc.) ajudam-nas, guiando-as no seu comportamento.

Diariamente, constatam-se os efeitos positivos da medicação estimulante, que ajuda as crianças a inibirem-se e a esperarem antes de responder. Esses medicamentos favorecem a manutenção da atenção, da persistência, do esforço no trabalho, além de também reduzirem a intranquilidade e a atividade motora mais significativa. Quando as crianças tomam a medicação, tornam-se muito menos impulsivas, ficam menos alteradas, fazem menos barulho e têm menos problemas de agressividade e desobediência.

Os medicamentos, entretanto, parecem não ser suficientes para proporcionar uma melhora na aprendizagem escolar, segundo Miranda et al. (2006). Para que essas crianças alcancem um aproveitamento escolar adequado em áreas como matemática, compreensão de texto e linguagem, é necessário incluir a intervenção na sala de aula, com um treinamento específico em técnicas cognitivas de "monitoramento" (auto-instruções, modelação cognitiva, processo de resolução de problemas, autocontrole etc.).

Os fármacos mais habituais são a Ritalina, o Rubifen e, mais recentemente, o Concerta. À medida que os estudos avançam, os tratamentos farmacológicos vão se ampliando e se tornando mais específicos. É evidente que a administração dessas substâncias deve ser resultado de uma avaliação séria, do diagnóstico do caso e de um estudo das características do paciente, para que haja um ajuste da dose às particularidades de cada criança. Nesse processo, são fundamentais um acompanhamento médico e uma avaliação cuidadosa dos efeitos colaterais da medicação.

O seu papel é muito importante e facilitará o desenho do tratamento médico e psicopedagógico adequado para cada criança.

Médico e psicólogo precisarão de informações a respeito do comportamento da criança na sala de aula e, sem dúvida alguma, essa tarefa pode ser facilitada se eles lhe entregarem questionários específicos para o TDAH, como a escala de Conners, por exemplo. Com essas informações aliadas a outros procedimentos de avaliação mais complexos, o diagnóstico pode ser realizado, a dose do medicamento pode ser ajustada e o impacto do tratamento psicológico pode ser mensurado.

Colaborar e trabalhar em equipe é extremamente importante.

Em certas ocasiões comprovamos como alguns professores, principalmente por falta de informação, não sabem exatamente qual é o papel das substâncias medicamentosas e são céticos e muito críticos em relação a elas, passando uma mensagem negativa sobre o uso de medicamentos aos pais; inclusive, há pais que se negam a ser responsáveis por ministrar medicamentos em períodos letivos do colégio.

Há diversos estudos que avaliam a necessidade de medicamentos no tratamento do TDAH, então todos os medos e cautelas sobre os riscos da medicação devem ser reduzidos devido à vasta experiência obtida sobre a sua eficácia e segurança, especialmente pelo benefício e ajuste que a criança terá em todos os níveis: pessoal, social, escolar e emocional. Seu efeito principal é a redução dos três sintomas básicos do TDAH: atividade motora, impulsividade e distração excessiva, de modo a facilitar qualquer intervenção psicopedagógica.

Ainda que Rubifen e Concerta sejam os medicamentos mais usados, há outros que também servem como alternativa para o TDAH. Não hesite em solicitar todas as informações necessárias para poder colaborar ativa e positivamente com o tratamento de seu aluno. Sempre conte com o apoio do orientador, do psicólogo e do médico envolvidos.

PARA REFLETIR

"Assim como não se negam óculos a uma criança míope, não podemos negar tratamento a uma criança com TDAH."

Evidentemente, é imprescindível que nós, no papel de pais ou professores, disponhamos de ferramentas para ajudar a criança a adquirir, progressivamente, habilidades. Entretanto, o organismo tem que estar preparado para a aprendizagem, e isso, em muitos casos, a medicação não pode oferecer.

É como semear grãos de excelente qualidade em um terreno pouco preparado para a sua germinação.

"Em terreno baldio, nenhuma semente é boa."

Capítulo 3

Como podemos identificar e modificar?

– Stop! Vou prestar mais atenção.
– Penso em um plano antes de agir.
– Procuro e escolho a melhor solução.
– Farei as coisas devagarzinho.
– Como estou indo?

3.1. COMO PODEMOS IDENTIFICAR E MODIFICAR AS MANIFESTAÇÕES CARACTERÍSTICAS DO TRANSTORNO POR DÉFICIT DE ATENÇÃO COM OU SEM HIPERATIVIDADE?

Muitas das manifestações podem ser facilmente identificadas porque são incômodas e criam um desajuste escolar, pessoal, social e familiar na criança e no ambiente em que está inserida.

Ainda que seja fácil identificar alguns sinais de TDAH, não comece a modificá-los agora:

AVISE
Os colegas da criança, os pais, o psicólogo e outros profissionais envolvidos.
A sua informação é muito valiosa para todos!

Trata-se de um trabalho de equipe. Então, entre em contato com outros profissionais, para que juntos possam elaborar um plano de ação, em que cada um assumirá uma tarefa.

O objetivo deste livro é oferecer estratégias concretas e simples para compreender melhor o transtorno, identificar melhor as manifestações e intervir para conseguir um funcionamento adequado.

Embora esteja direcionado para o trabalho realizado em sala de aula, gostaríamos de recomendá-lo a todas as pessoas que lidam com as crianças portadoras de TDAH, já que é muito fácil transpô-lo a outros ambientes.

Para alcançar tal objetivo, os próximos capítulos, que abordam as principais manifestações do transtorno, possuem a mesma estrutura:

- Introdução: nesse item, há um breve comentário sobre o assunto abordado no capítulo.
- "O que é?": nesse item, apresentam-se as dificuldades da criança hiperativa.
- "Como se manifesta?": nesse item, há orientações para observar essas dificuldades.
- "Conseqüências": descreve-se de que forma essas dificuldades repercutem na vida da criança.
- "O que podemos mudar...": nesse item indicam-se as técnicas e os recursos a serem usados, com base em casos práticos.

Capítulo 4

Déficit de atenção

4.1. DÉFICIT DE ATENÇÃO

A atenção serve para selecionar, voluntária e involuntariamente, os dados aos quais o cérebro vai se ater, ignorando os estímulos irrelevantes. Para analisar os estímulos, é necessário um período de tempo suficiente para extrair deles os dados que nos permitem agir de forma eficaz. Em outras palavras, para que a seleção de informações seja útil, devemos ser capazes de focalizar a atenção nos principais estímulos (seleção voluntária) durante tempo suficiente (de forma sustentada) para poder analisá-los, tirar conclusões, decidir como agir, considerar os dados secundários, recorrer à nossa memória em busca de dados similares etc. A atenção é necessária para sermos conscientes de nossas sensações, pensamentos, afetos etc., além de ser fundamental para memorizar e, por conseguinte, para aprender.

As tarefas escolares e o funcionamento educativo da sala de aula implicam uma atividade de manutenção da atenção. Os problemas de atenção das crianças com TDAH podem constituir uma *séria dificuldade* para o seu progresso escolar, já que a exploração que essas crianças fazem do seu entorno, em qualquer área de sua vida, é breve, dispersa e, com freqüência, caótica, sem que haja a busca por um objetivo ou uma idéia específicos.

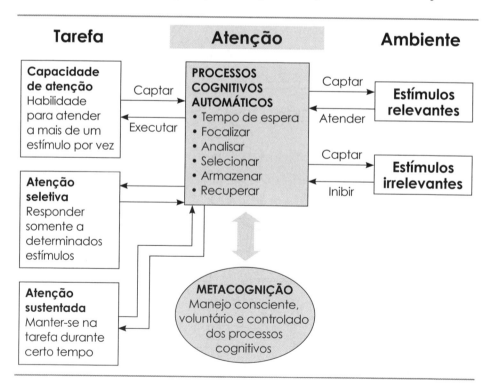

Muitos fatores interferem no comportamento da criança com TDAH, como a situação em que se encontra (cansaço, saúde, experiência prévia, agilidade etc.) ou o entorno no qual ela tem que prestar atenção (rotineiro ou novo, grau de exigência, número de estímulos simultâneos a que ela precisa atender etc.).

4.1.1. O QUE É?

O déficit de atenção é uma dificuldade persistente em selecionar a informação relevante (e ignorar os estímulos irrelevantes), em ser capaz de manter a atenção numa mesma atividade durante o tempo necessário para realizá-la e em poder reorientar a atenção para outro estímulo.

4.1.2. COMO SE MANIFESTA?

- Trata-se de crianças desorganizadas, distraídas, que não concluem as tarefas. São descuidadas na execução de trabalhos escolares, já que apresentam freqüentemente material sujo, rasgado ou deteriorado e com rabiscos. Esquecem-se de fazer as lições e de entregar as que realizaram.
- Têm dificuldades para prestar atenção na sala de aula, distraem-se freqüentemente; parecem estar "no mundo da lua".
- Perdem a concentração em tarefas rotineiras e também naquelas que não despertam seu interesse, mas são capazes de prestar atenção em tarefas novas em condições de pouca exigência ou quando a execução depende de estratégias de atenção simples.

Se estão muito motivadas ou treinadas, são também capazes de realizar as tarefas difíceis.

4.1.3. CONSEQÜÊNCIAS

- Dificuldade para diferenciar o principal do secundário: quando o professor está explicando uma lição, elas não costumam valorizar a explicação como o estímulo mais importante e podem se dedicar a observar o que o colega de sala está fazendo.
- Dificuldade para ficar atentas simultaneamente a diferentes estímulos: não têm facilidade para realizar duas atividades ao mesmo tempo, como olhar um gráfico e escutar o professor.
- Em provas que exigem boa disposição para responder a instruções dadas em seqüência, como exercícios de ortografia que consistem da escrita de listas de palavras com certa rapidez, costumam produzir um número significativo de respostas incompletas.
- Problemas de compreensão do material, para memorizar e aprender.
- Dificuldades para concluir as tarefas no tempo adequado: elas podem ser muito rápidas ou muito lentas e com um processamento superficial.
- Problemas para passar de um estímulo a outro sem que haja finalização da análise.
- Dificuldade para compreender os próprios estímulos e ficar atentas a eles, assim como para organizar os seus pensamentos.
- Dificuldades para perceber os detalhes:

"Percebem o bosque, mas não vêem as árvores."

O GRANDE PULO: TROCA DE PAPÉIS

Você seria capaz de prestar atenção em uma conversa em que dez pessoas falam com você ao mesmo tempo?

E se você, além de não conseguir falar com as dez pessoas ao mesmo tempo, fosse recriminado e maltratado por não ser capaz de acompanhar, qual seria a sua reação?

4.1.4. O QUE PODEMOS MUDAR PARA MELHORAR A ATENÇÃO?

CONTROLAR OS ESTÍMULOS

- Incentivar a criança a se sentar perto do professor, chamá-la pelo nome, dar-lhe pequenos toques nas costas para evitar que se distraia, pedir-lhe que repita o que deve fazer etc., ou **qualquer sinal que seja combinado previamente com ela**, para favorecer que sua atenção fique focalizada.
- **Diminuir os estímulos irrelevantes** presentes na sala de aula, colocando-os fora do campo de visão da criança (às suas costas). Também é possível criar um cantinho sem nenhuma estimulação ou permitir que a criança use fones de ouvido para não se distrair tão facilmente. Isso é especialmente importante quando ela tem que realizar lições individualmente.
- Apresentar as informações de maneira explícita, usar tudo que possa servir **de pista, lembrete, sinal**: *post-it*, fichas, listas, desenhos, os próprios gestos. Essas crianças não usam a "informação em suas mentes".
- **Marcadores de tempo**: elas não têm consciência do tempo, de modo que é inútil dar-lhes mais tempo – elas não conseguirão utilizá-lo. O tempo deve ser convertido em algo real com relógios, cronômetros, relógios de areia etc.

SUPERVISIONAR E AJUDÁ-LA NA AUTO-SUPERVISÃO

- Devem-se estabelecer **rotinas** com o propósito de estruturar o funcionamento das classes.
- Como parte da rotina diária, é fundamental que toda a classe tenha **5 minutos** para **organizar o material**, revisar se possuem o material necessário, a fim de organizá-lo e eliminar da mesa aquilo que não será utilizado no dia.
- Qualquer **mudança** na rotina deve ser **informada** com antecedência.
- É imprescindível **destacar os aspectos mais importantes** do problema para facilitar a sua compreensão e a resolução das lições, usando marcadores, pastas, cores etc. Se necessário, **mostre-lhe passo a passo** o que deve ser feito.
- **Os coordenadores pedagógicos da escola** são importantes para fornecer o *feedback* imediato e aliviar um pouco a dedicação do professor.
- É fundamental **ajudar o colega** com dificuldades e permitir que ele participe na organização da aula, atribuindo-lhe alguma responsabilidade.

MELHORAR A FORMA DE DAR ORDENS

- As instruções devem ser apresentadas de forma **breve**, **clara** e **concisa**. Se for necessário, fornecê-las uma a uma por escrito, e fazer com que a criança repita as instruções.
- É importante favorecer o uso das **auto-instruções** para focalizar a atenção da criança na tarefa e nos passos que devem ser seguidos. Se necessário, devem-se utilizar desenhos como lembretes.

DIVIDIR AS TAREFAS

- É importante dividir as atividades **em pequenas etapas**, para que as crianças com TDAH possam apreender breves aprendizados, de acordo com sua capacidade de atenção. As tarefas curtas permitem que a criança não fique cansada, não entre em monotomia e nem se distraia.
- **Planejar as suas ações**: é imprescindível organizar os tempos de trabalho e descanso da criança, para, posteriormente, ensiná-la a planejar as suas tarefas e usar uma agenda como meio de apoio.
- **Dividir o futuro**: deve-se informar às crianças o que vem pela frente a partir da realização das tarefas presentes. Não é necessário falar tanto da meta, mas dividi-la em pequenos passos, focalizando no aqui e agora, e guiando a criança em suas ações.

AUMENTAR A MOTIVAÇÃO

- É importante proporcionar atividades que não sejam monótonas nem entendiantes dentro de um funcionamento diário e estruturado de aula. Devem-se apresentar as lições com um **material mais atraente**.
- Como essas crianças não têm automotivação, é fundamental recompensá-las no ambiente em que estão atuando; **ganhar em dobro**: concluir uma tarefa já é um ganho, além do prêmio como conseqüência da conduta adequada.
- **Reforçar e premiar as condutas adequadas**, como estar atento.
- **Dar mais *feedback*** às crianças, fornecer com mais freqüência informações sobre as ações delas ("Muito bem, você está tentando", "Você está seguindo o seu plano... muito bem, continue assim", "O que você está fazendo de certo e de errado?").
- **Começar com os prêmios**, e não com os castigos. As crianças com TDAH já são mais castigadas que as outras. O castigo funcionará apenas se for muito necessário.

NA PRÁTICA

Paulo tem 8 anos de idade, está na terceira série e ainda se esquece das lições de casa, do material necessário para realizar um trabalho manual (às vezes, o perde), da data da prova, de entregar uma autorização de passeio aos pais, de tomar um medicamento, da blusa nos dias de frio etc. Os pais e professores de Paulo, depois de várias tentativas para modificar o comportamento do menino, constataram a necessidade de maior coordenação entre eles, de buscar outros modos de guiar e supervisionar a criança, de não deixá-lo no controle, porque já comprovaram que isso é impossível. Encontraram muitos outros métodos eficazes: ter material em dobro em casa e no colégio, contar com a ajuda do irmão maior para lembrá-lo das coisas antes de sair do colégio – a blusa, a carteira etc. – e de uma colega e vizinha para anotar as tarefas dele na agenda.

Para desafiar a capacidade de imaginação e recursos de Paulo, os pais e professores do menino apostaram em mais uma tentativa: ele deveria aprender a não esquecer as coisas, sem a necessidade do controle externo de um adulto (professora, pais, irmão, vizinha etc.). Foi então que encontraram as INSTRUÇÕES POR MEIO DE DESENHOS. Na leitura dessas instruções, descobriram que as crianças hiperativas têm mais facilidade para prestar atenção e lembrar-se mais dos estímulos visuais do que dos auditivos, e então começaram a treinar Paulo para seguir uma rotina por meio de desenhos.

Para isso:
1. Iniciaram o trabalho pela atividade de que Paulo mais gosta e na qual se sente muito motivado: os esportes. Ele é o aluno que mais corre, o mais rápido e sempre é o campeão nas olimpíadas escolares em salto em altura. No entanto, quase nunca leva o equipamento de ginástica completo para as atividades, e quando leva não sabe onde deixou os calções, um tênis...

2. Fizeram uma etiqueta com os desenhos de tudo o que deve ser levado na bolsa de esportes – antes de sair de casa e depois de terminada a aula –, plastificaram-na e a colocaram em uma das alças da bolsa.
3. Uma tarde, em casa, brincaram de colocar e tirar itens da bolsa, seguindo as instruções. Durante alguns dias, os pais (em casa) e o professor (na sala de aula) obrigaram-no a seguir as instruções visuais, inclusive nomeando em voz alta cada item que estava sendo colocado ou retirado.
4. Sempre que Paulo realizava o procedimento, pais e professores parabenizavam-no e ficavam muito contentes. Todos estavam satisfeitos com a facilidade, diversão e eficiência do truque.
5. Os pais e professores de Paulo foram muito cuidadosos, não podiam abandonar o menino nesse momento de tanto progresso. À medida que o tempo ia passando, davam-lhe menos instruções e estavam menos presentes fisicamente. Às vezes, só lembravam: "Olhe a etiqueta!". Em outras ocasiões, o pai ou o irmão mais velho pediam-lhe para que organizasse as suas coisas, enquanto a mãe arrumava o caçula. Assim que colocava algo na bolsa, Paulo nomeava em voz alta o objeto: "Já está dentro o item x".
6. Paulo assimilou muito bem a brincadeira. Os pais ficaram muito tentados a encher a casa de cartazes e desenhos como lembretes, além dos que já existiam. Entretanto, perceberam que, se abusassem do mesmo truque, ele deixaria de ser eficaz. Desse modo, foram usando essa técnica aos poucos para coisas diferentes, uma após a outra.

Certo dia, Paulo surpreendeu seus pais com um cartaz para que não se esquecessem de pagar-lhe a mesada.

Capítulo 5

Impulsividade

5.1. IMPULSIVIDADE

As crianças hiperativas são consideradas espontâneas, atiradas e, muitas vezes, mal-educadas. Muitas pessoas acham que essas crianças não pensam antes de agir, que NÃO SABEM INIBIR O PRÓPRIO COMPORTAMENTO. As conseqüências dessas concepções são mais negativas na área social e especialmente na área da educação.

A impulsividade consiste na dificuldade no processo de inibição necessário para esperar (aguardar a vez na fila, terminar de escutar a pergunta para responder, aumentar o tempo de resposta, deixar escapar comentários inapropriados etc.), impedindo o surgimento de opções adequadas para a situação (na solução de um problema, na decisão de qual roupa usar, em sair da sala de aula com tudo que lhe pertence etc.).

Para esse tipo de comportamento, há duas explicações:

- A impulsividade como causa do não-cumprimento da norma:

> **FALHA NA INIBIÇÃO DO COMPORTAMENTO**

- A impulsividade como conseqüência de uma habilidade debilitada da linguagem para guiar, controlar ou governar o comportamento:

> **POUCO CONTROLE DO COMPORTAMENTO PELA LINGUAGEM**

Alguns autores acreditam que o problema da inibição fraca impede a aquisição da linguagem interna como mediadora da conduta, enquanto outros defendem o processo inverso, que a dificuldade apresentada pelas crianças para falar consigo mesmas explica esse tipo de comportamento.

Sabemos que os dois problemas estão relacionados entre si, como dois lados de uma mesma moeda. As crianças aprendem a falar consigo mesmas como meio de controlar seu comportamento e, portanto, são menos impulsivas. Falar consigo mesmas ajuda-as a inibir os impulsos iniciais, o que lhes dá tempo suficiente para pensar ou refletir, e, assim, poder controlar a própria conduta.

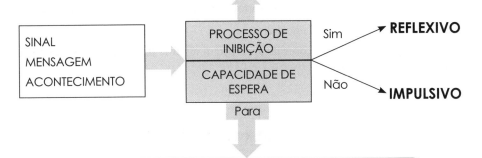

Dada a importância da linguagem como MEDIADORA DO COMPORTAMENTO e regulação interna, abordaremos algumas questões importantes (Meichenbaum e Goodman, 1971).

Em um desenvolvimento evolutivo da criança, o tipo e a função da fala passam por várias fases:

	Nível I	Nível II	Nível III	Nível IV	Nível V
Tipo de fala	Encoberta	Dirigida ao exterior	Dirigida ao interior ou autoguia	Interna e silenciosa do pensamento	Fala interna do pensamento
Função	Auto-estimulante	Descrições da atividade e comentários sobre objetos	Perguntas a si mesma e comentários de autoguia	Sussurros e mover dos lábios: manifestações externas da fala encoberta	Ausência da fala privada, silêncio, mediação do pensamento

Esses processos de pensamento, característicos dos humanos adultos, desenvolvem-se totalmente entre os 5 e 7 anos de idade, e a partir daí o processamento cognitivo da informação medeia a conduta, INIBINDO OU REGULANDO o comportamento por meio da atividade verbal encoberta.

As crianças com falta de controle apresentam alguma deficiência nessa atividade de MEDIAÇÃO VERBAL.

O QUE DEVE SER CONSIDERADO

Existem diferentes formas de a atividade de mediação ser deficiente:
DEFICIÊNCIA DE MEDIAÇÃO: a criança é incapaz de desenvolver habilidades de mediação.
DEFICIÊNCIA DE PRODUÇÃO: ela possui certas habilidades de mediação em seu repertório, mas fracassa ao usá-las em situações apropriadas.
DEFICIÊNCIA DE CONTROLE: a criança produz uma atividade de mediação, mas fracassa em conseguir o controle do seu comportamento não-verbal.

5.1.1. O QUE É?

Problemas, às vezes severos, na capacidade de inibir uma resposta, tanto em atividades cognitivas quanto sociais. As crianças são incapazes de esperar tempo suficiente para poder pensar e agir logo após, sendo pouco reflexivas.

Isso pode ocorrer em razão de uma hipoatividade no sistema de inibição de conduta (SIC), o que leva essas crianças a cometerem muitos erros em atividades que exijam persistência na tarefa e/ou inibição da resposta durante um determinado período de tempo.

5.1.2. COMO SE MANIFESTA?

- Geralmente, as crianças ignoram as normas, não são capazes de controlar as suas próprias ações e não avaliam a situação prévia nem as possíveis conseqüências.
- Interrompem as atividades e conversas alheias.
- Respondem às perguntas antes de estas serem totalmente formuladas.
- Parecem não escutar.
- Apresentam dificuldades para aguardar a sua vez.

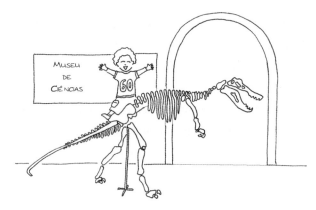

- Parece-lhes muito difícil seguir instruções, especialmente se são várias e complexas. Elas não entendem que é importante seguir uma ordem para obter êxito.
- Têm dificuldades para realizar tarefas que exigem a aplicação de estratégias de análise de estímulos e busca da alternativa correta.
- Nem bem concluem uma tarefa, já estão envolvidas em outra.

Não pensam nem antes nem depois de agir!
Não aproveitam a experiência e tropeçam centenas de vezes na mesma pedra.

5.1.3. CONSEQÜÊNCIAS

- Essas crianças agem sem avaliar as conseqüências dos próprios atos, o que freqüentemente resulta em acidentes de diferentes gravidades.
- Como não sabem lidar com a espera, as freqüentes interrupções e o descumprimento das normas fazem com que sejam vistas como mal-educadas e/ou rebeldes.
- Por não avaliarem as conseqüências dos seus atos nas relações com os demais, essas crianças são excluídas e consideradas impertinentes e agressivas.
- Agem, muitas vezes, de maneira imprevisível, inclusive com elas próprias.

 O GRANDE PULO: TROCA DE PAPÉIS

Imagine como seria estar em um país desconhecido, onde você não conhece nem o idioma, nem a cultura, tampouco as normas, e exigem que você aja com eficácia. E como você, evidentemente, comete erros, é rotulado e tratado como *persona non grata*.

5.1.4. O QUE PODEMOS MUDAR PARA MELHORAR A IMPULSIVIDADE?

DEFINIR AS NORMAS

- Definir e trabalhar (tendo como apoio recursos visuais e dinâmicos, como pôsteres, anotações de caderno, dinâmicas de grupo etc.) as normas da sala de aula e as conseqüências em não cumpri-las, com essas informações **visíveis** aos alunos.
- Recordar as normas freqüentemente.
- Definir e estruturar **normas personalizadas**, como exigir que essas crianças mostrem a lição ao professor.
- **Obrigá-las *in situ*,** antes de cada situação (sair para o recreio, preparar-se para ir para casa), **a repetir em voz alta as normas específicas para cada situação**, até que isso se converta em um hábito adquirido pela criança.

FAVORECER O AUTOCONTROLE

- Fragmentar as tarefas em objetivos mais curtos e supervisionar com mais freqüência a sua execução, de modo que o tempo pelo qual tenha que inibir a sua resposta seja menor. Conforme mencionado anteriormente, essa estratégia implica tempos de atenção mais curtos, o que favorece o seu aprendizado por adaptar-se à sua capacidade de atenção. Por exemplo: em vez de mostrar os exercícios de matemática quando já realizou todos, é melhor que a criança os mostre assim que termine uma seqüência de dois exercícios.
- Estimular **o uso das auto-instruções** para que a criança possa dirigir o próprio comportamento.
- **Dividir o futuro:** adverti-las do que vem pela frente a partir da realização das tarefas presentes. Não fale tanto da meta, mas divida-a em pequenos passos, focalizando no aqui e agora, e guiando a criança em suas ações.

PREMIAR AS CONDUTAS ADEQUADAS E IGNORAR AS INADEQUADAS

- Implantar **um sistema de pontos no qual a criança é premiada** (no colégio e em casa) por alcançar objetivos e com custo de resposta em caso de não-cumprimento.

- **Sistema de pontos no qual a classe é premiada** pelo cumprimento das normas.
- **Ignorar** as condutas inadequadas, como interromper, e no caso de a criança ser muito impertinente, usar o *time out*.
- **Reforçar as condutas adequadas**, como ir devagar, terminar cada pequeno passo dado, considerar a qualidade antes da quantidade.

AUMENTAR SUA CAPACIDADE DE REFLEXÃO

- Estruturar o ambiente com sinais visuais relacionados à intenção de ESPERAR e PENSAR.
- Ser modelo no uso da linguagem interna nos processos de resolução de problema.
- Pedir para que a criança PENSE EM VOZ ALTA, que conte o que está fazendo ou tem que fazer, a fim de possibilitar a produção da linguagem interna mediadora na conduta.

NA PRÁTICA

Já fizemos esforços para que Rafael se comportasse de forma adequada na fila do recreio. Para que cumpra essa ordem, dissemos-lhe muitas vezes o que não era permitido fazer: não é permitido correr nos corredores, não é permitido sair da fila etc.

Na hora de sair para o recreio, ele já não corre nem sai da fila, mas anda com as mãos e os pés no chão, vai em fila batendo a bola nas costas do colega, fura fila, imita o grito do Tarzan ao sair ao pátio e fica batendo palmas como se estivesse numa fanfarra.

A criança tem feito o que pedimos, mas sentimos que nos desafia, porque cada vez que sai para o recreio nos surpreende com uma conduta nova, que também é inadequada.

Percebemos que estávamos dando as ordens com frases na forma negativa, e ninguém lhe dizia o que ele deveria fazer – só o que não deveria. Rafael obedecia: fazia o que pedíamos e não corria, não gritava etc.

Como sabemos que, para as crianças internalizarem a norma, é necessário que elas as verbalizem em voz alta na situação, obrigamos Rafael, *in situ*, sempre na hora do recreio:

1. A parar QUIETO! *STOP*! (para favorecer a capacidade de inibir os seus comportamentos inadequados).
2. A PENSAR, a falar em VOZ ALTA e FAZER:
   O truque para andar corretamente em fila é: "Vou atrás do meu colega como se fosse a sua própria sombra e vou fechar a boca, porque em boca fechada não entra mosquito ou como se a boca estivesse cheia de água".
   Esse truque veio à tona ao lembrar que as nossas mães faziam isso conosco quando éramos crianças e precisávamos ficar quietos.
   Isso era repetido todos os dias, quantas vezes fossem necessárias, até que virou um hábito para a criança. Dessa forma, Rafael conseguiu internalizar a norma.

Sempre que a criança fizer algo corretamente (ou razoavelmente bem) → REFORCE!

Capítulo 6

Hiperatividade

6.1. HIPERATIVIDADE

Nós agimos para executar os nossos comportamentos, manifestar opiniões ou alcançar objetivos e metas preestabelecidos. Na hora de agir, de levar a cabo a nossa atividade, aprendemos e temos a capacidade de adaptar-nos à situação na qual nos encontramos e dar o valor correspondente às conseqüências das nossas ações.

A quantidade de atividade, ou número de vezes que agimos, varia de uma pessoa para outra, de acordo com o temperamento de cada uma, mas, em qualquer caso, a maioria das pessoas **é capaz de controlá-la, regulá-la e adaptá-la à situação.**

ATIVIDADE

BAIXA	NORMAL	ALTA
Pouca freqüência na hora de executar comportamentos, de emitir opiniões e alcançar objetivos, mas sem dificuldades para adaptá-los à situação.	Os comportamentos, as opiniões e os objetivos são adequados às situações.	Freqüência excessiva na hora de executar comportamento, de emitir opiniões e alcançar objetivos, mas sem dificuldades para adaptá-los à situação.

Portanto, quando falamos de hiperatividade, não nos referimos somente a um excesso de atividade motora e/ou verbal, mas também são considerados fatores como:
- A freqüência, duração e intensidade da atividade.
- A capacidade de persistência na atividade.
- A capacidade de inibi-la e controlá-la, ajustando-a ao contexto e a um fim.

HIPERATIVIDADE

- Freqüência excessiva na hora de executar comportamento e/ou emitir opiniões.
- Dificuldade para adaptar-se a uma situação e controlar a atividade, ajustando-a a essa situação.
- A atividade excessiva não está dirigida a um fim, ou seja, não visa a alcançar objetivos.

Exemplos:

- O tom e a velocidade da fala são diferentes se você está com amigos em uma festa ou em uma reunião de trabalho.
- Ajustamos os nossos movimentos de acordo com a tarefa: muito mais lentos e delicados se estamos consertando um vaso chinês, e muito mais fortes, bruscos e enérgicos se estamos cortando lenha.
- Medimos a força de um abraço para não machucar a outra pessoa.
- Não falamos sobre intimidades com pessoas que acabamos de conhecer.

6.1.1 O QUE É?

"É uma quantidade excessiva de atividade motora ou verbal com relação ao esperado para a idade e situação concreta na qual se encontra o sujeito."

"É uma pauta persistente de atividade excessiva naquelas situações que exigem inibição motora."

Tal excesso de atividade foi definido pela expressão "crianças movidas a motor", para expressar a realidade de pequenos que parecem não precisar de descanso. Esse comportamento persistirá por toda a vida da criança. As crianças hiperativas apresentam esse padrão de comportamento muito cedo, desde quando são bebês. Trata-se de um comportamento excessivo, inadequado e desproporcional que repercute nas relações com as demais pessoas e na aquisição de muitos aprendizados.

Obviamente, isso representa uma maneira de expressar uma característica muito significativa para o observador, já que as crianças afetadas por esse problema não estão se movimentando durante as 24 horas do dia; em determinadas ocasiões elas reduzem um pouco a atividade. Entretanto, até nesses períodos de "descanso", em que ficam um pouco mais quietas, a atividade é maior que a das crianças da sua idade sem TDAH. Existem estudos que comprovam que essa característica persiste inclusive quando elas estão dormindo.

Nos primeiros estudos do transtorno, essa manifestação de excesso de atividade foi objeto de muitas análises e trabalhos de pesquisa, principalmente por ser muito visível e incomodar bastante; hoje, está sendo colocada em terceiro plano, já que as dificuldades de atenção e impulsividade estão ganhando muito mais importância, e isso parece ocorrer por alguns motivos:

- Dos três déficits (atenção, impulsividade e hiperatividade), o excesso de movimentos diminui e vai se normalizando conforme a criança cresce, mais ou menos a partir dos 12 anos de idade.
- Dos três déficits, é aquele que repercute menos em longo prazo.
- Os procedimentos para avaliar a atividade motora e/ou verbal e os estudos para diferenciar o normal e o inadequado apresentaram dados inconsistentes e pouco conclusivos.

Cada vez mais, admite-se que a hiperatividade motora, assim como a impulsividade, é uma conseqüência direta da escassa e **baixa capacidade de exercer um controle inibitório**.

O excesso de movimento é traduzido em uma atividade quase permanente e incontrolada, que não costuma ter uma finalidade concreta, que não está dirigida a uma meta e que tende a surgir nos momentos mais inoportunos ou quando a situação exige mais controle motor (na sala de espera do consultório, em um exame, nos ofícios religiosos etc.).

Essa manifestação diminui com a idade, sobretudo entre os 6 e 11 anos, período em que a atividade motora é significativamente mais elevada.

6.1.2. COMO SE MANIFESTA?

- As crianças são muito ativas.
- Elas estão em "constante movimento": movimentam mãos e pés, balançam o corpo etc.
- Não conseguem ficar sentadas ou quietas. Se permanecem sentadas por muito tempo, mudam de posição e se balançam.
- Tocam tudo com as mãos.

HIPERATIVIDADE

- O movimento dessas crianças parece não ter uma meta, é a atividade pela mera atividade: perambulam e vagam sem sentido nem objetivo.
- Falam demais, verborragia constante.
- Cantarolam, fazem barulhos com a boca, assobiam.
- Mordiscam, chupam, mordem tudo (lápis, borracha, mangas da camiseta).
- Elas têm menos necessidade de descansar e dormir.

6.1.3. CONSEQÜÊNCIAS

- Essas crianças são estabanadas. Quebram as coisas, deixam os objetos caírem, são pouco cuidadosas e fazem muito barulho.
- Envolvem-se em atividades mais perigosas.
- Sofrem acidentes com mais freqüência.
- São incontroláveis.
- São inoportunas.
- Essas conseqüências provocam a rejeição dos colegas e adultos.
- Atrapalham o ritmo da classe.
- Esse tipo de comportamento repercute na aquisição do aprendizado escolar.

O GRANDE PULO: TROCA DE PAPÉIS

É como se em um belo dia de excursão alguém colocasse um formigueiro por baixo da sua camiseta e o obrigasse a ficar quieto. Já imaginou?

6.1.4. O QUE PODEMOS MUDAR PARA MELHORAR A HIPERATIVIDADE?

FAVORECER MOMENTOS DE ATIVIDADE ADEQUADA

- Tentar tornar os movimentos da criança adaptativos. **Devem-se realizar pequenas tarefas** que facilitem a descarga de energia e tensão acumuladas por ter permanecido quieta. Para isso, **é importante que o professor atribua algumas responsabilidades à criança**, como tirar fotocópias, distribuir folhas, apagar a lousa, apontar atividades e mudanças na agenda da sala ou nos horários etc.
- **A criança deve ser incentivada a se aproximar da mesa do professor para mostrar as lições.** Esse movimento servirá para descarregar tensões, diminuindo a freqüência com a qual se levanta da cadeira de maneira inadequada. O objetivo é que a criança se levante da cadeira em determinados momentos e de forma planejada.

CONTROLE DE ESTÍMULOS

- **Deve-se atribuir-lhe menos lição de casa.** É importante que as tarefas destinadas à criança exijam menor manutenção do esforço mental. Devem-se **programar períodos de descanso** nos quais ela possa se movimentar. Conforme vá melhorando, aumente o número de tarefas, a quantidade de esforço e o tempo estabelecido para fazer a lição.
- **Programar a realização** de lições que exijam esforço mental depois de períodos de movimento motor intenso, como os recreios, as aulas de educação física, jogos ou esportes.
- **Marcadores de tempo**: elas não têm consciência do tempo, de modo que é inútil dar-lhes mais tempo – elas não conseguirão utilizá-lo. O tempo deve ser convertido em algo real, medido por relógios, cronômetros, relógios de areia etc.
- **Permitir os murmúrios** e os movimentos.

MANEJAR ADEQUADAMENTE AS CONTINGÊNCIAS

- **Extinguir**, não atender aos movimentos que pareçam mais descontrolados ou inconsistentes.
- **Conter** ou controlar esses movimentos para que não sejam reforçados por outros observadores.
- **Reforçar** o estar adequadamente sentado, em silêncio, escutando, escolhendo uma conduta concreta para cada dia: "Hoje vou te pegar de surpresa... sentado/quieto/calado etc.").

NA PRÁTICA

Carlos tem 6 anos de idade e começou a primeira série agora. Agora, ele tem que ficar mais tempo sentado, pois já não há tantas brincadeiras em sala de aula, a turma está começando a ler e escrever. Contudo, ele se levanta constantemente para apontar o lápis, ir ao banheiro, falar algo com a professora ou com o colega de sala, pedir material etc., ou seja, não fica quieto na cadeira, senta de forma errada, muda de postura constantemente, como se estivesse se retorcendo, faz muito barulho na hora de retirar um caderno, o estojo ou um desenho da mochila, faz muito barulho para escrever, e as suas coisas caem constantemente no chão.

Quando está distraído, pensando nas coisas de que gosta, mas fazendo as lições ou simplesmente acompanhando a aula, é um furacão. A professora tentou corrigir a postura do aluno, pede para que Carlos se sente assim que ele se levanta, colocou-o para fora em várias ocasiões por manter conversas paralelas, tentou premiá-lo por ficar quieto, dar pontos negativos por mexer-se demais, e, além de tudo isso, seus pais lhe deram broncas em casa.

Carlos contou em casa que "não consegue controlar, que não faz de propósito, que é algo que ocorre sozinho". Confessou que, às vezes, inventa alguma desculpa para poder mover-se e que inventou o truque de jogar o estojo o mais longe possível só para poder se levantar.

Em uma reunião, os pais e a professora decidiram deixar de tentar "colocar diques no mar". Era evidente que Carlos não conseguia parar facilmente, e já que não podiam fazer frente ao seu "constante movimento", decidiram UNIR-SE A ELE.

O plano era canalizá-lo, para que não interferisse em nenhuma aula ou para que isso ocorresse o menos possível, e, com um bom *brainstorming*, as sugestões que poderiam ser testadas vieram aos montes.

- Nomeá-lo o encarregado do material. Sempre que algum material era necessário (pastas, fotocópias, passar um recado para a diretoria etc.), Carlos era designado para a tarefa, e bem rápido. Essa idéia agradou muito o menino e lhe concedeu um papel positivo dentro do grupo, já não sendo mais chamado de "traste", entre outros nomes. Foi realmente útil para toda a sala, e todos os dias ele deveria cumprir um par de tarefas. Ele se sentia muito bem.
- Cada vez que era atribuído um trabalho individual, ele era chamado constantemente pela professora para mostrar como estava se saindo. Então, enquanto os demais alunos permaneciam sentados durante um período de tempo razoável, ele já havia feito cerca de três ou quatro passeios.
- A palavra STOP foi afixada na sua carteira como sinal visual, para que sirva de lembrete e, quando o vir, diga a si mesmo: "quieto/tranqüilo/espere/peça licença/não se levante etc.".
- Em todas as aulas, alguns minutos foram dedicados a brincar com jogos que envolvam o controle de movimentos: estátua, pés quietos, touro sentado etc.
- Quando ele se levantasse inapropriadamente, foi estipulado entre o menino e a professora um sinal AMIGO: "piscar um olho". Assim era possível ajudar Carlos a tomar consciência de seus movimentos inadequados, para que tentasse voltar à cadeira sem ser por isso censurado, nem expressar a ordem publicamente. Tratava-se de uma maneira de dar-lhe uma oportunidade de autocorreção.

Após um período de tempo, Carlos continuava um menino irrequieto, mas não perturbava o ritmo da classe. Seus colegas sempre o escolhiam para as brincadeiras de correr e pular, chamavam-no de Carlinhos, o Veloz. Ele já não era tão barulhento como antes, mesmo sendo permitidos sussurros na sala de aula. O menino ainda se levantava da cadeira com freqüência, mas pedindo licença e, geralmente, para fazer algo realmente importante ou necessário.

Todos se surpreenderam muito ao comprovar que, depois desses períodos em que lhe era permitido mover-se, seu trabalho em classe era mais eficaz.

Em família, durante a ceia de Natal, com todos os seus primos presentes, recebeu os parabéns publicamente pelo seu bom comportamento à mesa, sendo uma das crianças "que menos se mexeram".

Justamente quando a situação exige mais controle motor, há mais atividade.

Capítulo **7**

Dificuldades de autocontrole

7.1. DIFICULDADES DE AUTOCONTROLE

Quando falamos em autocontrole, referimo-nos à capacidade do ser humano de governar consciente e voluntariamente o próprio comportamento. Tal controle sobre nós mesmos é um processo complexo que inclui muitos passos.

De acordo com o *Cuestionario de Autocontrol Infantil y Adolescente* (Cacia) (Capafons Bonet e Silva Moreno, 1991), que avalia o autocontrole, refletimos os processos envolvidos nos modelos de auto-regulação e autocontrole, aspectos que se referem aos paradigmas básicos da resistência à dor e ao estresse (autocontrole acelerativo), e resistência à tentação e ao atraso de recompensas (autocontrole desacelerativo).

Os seguintes processos são considerados:
- MOTIVAÇÃO PARA A MUDANÇA: interesse da pessoa em mudar, seja de opiniões, atitudes ou comportamentos, para melhorar as coisas que ocorrem no momento.
- PROCESSOS DE ANTECIPAÇÃO DE CONSEQÜÊNCIAS: detectar as informações do ambiente, das pessoas e de si mesmo sobre os motivos para mudar a maneira de proceder.
- PROCESSOS DE ATRIBUIÇÃO CAUSAL: a pessoa analisa as causas do seu comportamento e as possibilidades de êxito ou fracasso antes de fazer um esforço para mudar. Dessa análise dependerá o início da ação de autocontrole e também das emoções que suscita.
- PROCESSOS DE AVALIAÇÃO: trata-se de processos que supõem o estabelecimento de critérios, normas e objetivos a serem alcançados, assim como a avaliação deles, decidir se tal objetivo foi alcançado ou não, se tal critério foi seguido ou não.
- PROCESSOS DE AUTOCONSEQÜÊNCIAS: refletem a ação do sujeito perante o seu êxito ou fracasso em mudar ou manter o seu comportamento, outorgando-se conseqüências positivas ou negativas, de acordo com o ocorrido.
- HABILIDADES PARA A AUTODETERMINAÇÃO: trata-se da capacidade do sujeito para recorrer a diferentes procedimentos ou técnicas que o ajudem a mudar o comportamento ou a mantê-lo em situações difíceis.

Dificuldades de autocontrole

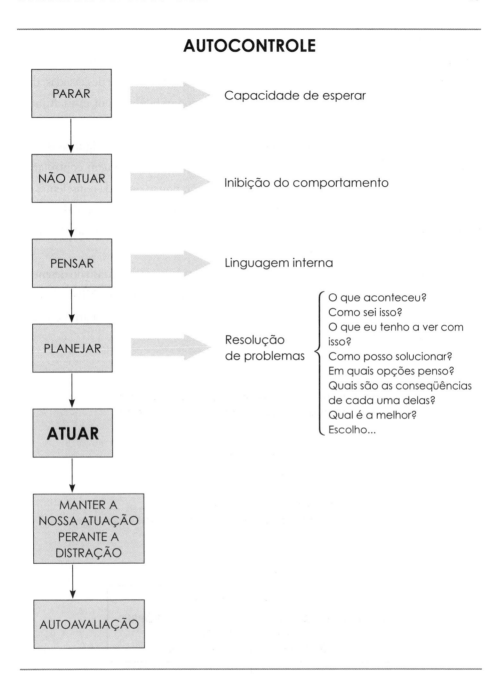

Se, além de tudo isso, forem incluídos todos os fatores emocionais, situacionais, de personalidade etc. que podem marcar o processo de autocontrole, comprovamos como as dificuldades aumentam, revelando-se um processo extremamente complexo.

7.1.1. O QUE SÃO?

Muitas vezes, as crianças hiperativas são injustamente consideradas imaturas, com falta de autodisciplina e organização. No pior dos casos, são rotuladas de desleixadas, desmotivadas, pouco responsáveis e mal-educadas. A responsabilidade por essas atitudes freqüentemente recai sobre os pais.

Os problemas de autocontrole podem ser conseqüência direta de algumas das dificuldades mencionadas anteriormente. Se essas crianças não conseguem controlar os próprios impulsos, se elas se movimentam muito, se são pouco ou nada conscientes do que as acomete, se possuem movimento mal estruturado e se sua atenção é dispersa e lábil, dificilmente poderão exercer um controle de si mesmas e de sua atividade nas situações em que isso for necessário.

A pesquisa mais relevante sugere que essas crianças sofrem de um atraso no desenvolvimento do controle dos impulsos, resumindo tudo em um problema de INIBIÇÃO.

Desse modo, impulsividade e hiperatividade são, na verdade, duas partes do mesmo problema: O DÉFICIT DE INIBIÇÃO.

7.1.2. COMO SE MANIFESTAM?

- Falta de consciência sobre o que acontece: se não sabem o que acontece, dificilmente poderão exercer controle sobre elas mesmas.
- Atenção lábil e dispersa, o que dificulta o controle das situações.
- Não cumprem facilmente as normas; dificuldade de ajustar o comportamento a qualquer referencial estável.
- Têm muitas dificuldades em desenvolver hábitos mais básicos (levantar-se no horário, vestir-se rapidamente e lembrar-se de escovar os dentes, de levar para o colégio todo o material necessário, de colocar o aparelho dentário, de deixar cada coisa no seu lugar etc.).
- Dificuldade em seguir e cumprir ordens e instruções, e isso fica pior quando são mais complexas ou atribuídas simultaneamente.
- Não são constantes nas suas lições, deixando muitas tarefas inacabadas.
- Apresentam condutas inapropriadas aos lugares e às pessoas que os definem (salas de espera, supermercados, colégios etc.).
- Não aprendem por ensaio e erro.
- Não geram opções diferentes perante problemas diferentes, dando sempre a mesma resposta.
- Não controlam bem as próprias emoções e podem ser agressivas na resolução de problemas de relacionamento com os seus semelhantes.
- Não possuem estratégias específicas para o autocontrole, como o uso da linguagem interna.

Não consiste de um "NÃO QUERO". Ainda que eu queira, eu "NÃO CONSIGO".

7.1.3. CONSEQÜÊNCIAS

Se essas crianças não sabem o que acontece com elas, dificilmente poderão exercer controle sobre si mesmas, pois desconhecem como fazer isso. Ainda que saibam, não dispõem de todos os mecanismos necessários.

- São rotuladas de imaturas e mal-educadas, recaindo toda a responsabilidade e culpa nas crianças e/ou na educação que foi dada pelos pais.
- Tentam mudar, mas não conseguem, e os fracassos vão desenvolvendo sentimentos de impotência e de culpa, construindo um autoconceito muito negativo.

- Surgem problemas emocionais com as tentativas frustradas de controle e, por isso, mais tarde, com mais idade, surgem sintomas de depressão e/ou ansiedade.
- Podem ser excluídas do grupo e de outras atividades familiares por causa do incômodo que causam.
- Perante desconhecidos, a desinibição e a espontaneidade da criança "são bem aceitas" e ela é considerada "muito simpática", sendo erroneamente reforçada.
- As crianças com dificuldades de autocontrole provocam muita frustração nos pais e professores e um desgaste pessoal perante a necessidade de uma supervisão constante.
- Há tensão familiar.
- São produzidos muitos conflitos com os colegas e irmãos.

O GRANDE PULO: TROCA DE PAPÉIS

Você está viajando de carro, descendo a serra e...
OS FREIOS FALHAM!
Você acha que conseguirá chegar bem até o fim do trajeto?
Se conseguir, provavelmente será depois de muitos acidentes.
Não acha que você mereceria uma congratulação ou até um prêmio por ser tão bom motorista (por pior que tenha ficado o seu carro) e não apenas uma bronca em razão erros cometidos no trajeto?

7.1.4. O QUE PODEMOS MUDAR PARA AUMENTAR O AUTOCONTROLE?

DIVIDIR AS TAREFAS

- Proporcionar à criança lições escolares divididas em **pequenos passos**, o que faz com que sejam menores a persistência exigida para resolver a tarefa e o tempo durante o qual a criança tem que inibir o comportamento.

MELHORAR A FORMA DE DAR ORDENS

- Dar instruções **claras, curtas e formuladas de maneira simples** para a realização das tarefas. Se necessário, fazer isso **para cada passo** a ser realizado para finalizar com êxito cada uma das partes na qual foi dividida a tarefa.
- Favorecer o uso e a aplicação de **auto-instruções** para fomentar o uso da linguagem interna como fator importante no direcionamento dos comportamentos.
- Usar o **controle externo** nas situações mais difíceis e ir retirando progressivamente, nunca de uma vez só.

AUMENTAR A SUA MOTIVAÇÃO

- Deixar claras **quais serão as recompensas** para a conclusão das tarefas.
- **Elogiá-las** quando concluírem uma tarefa com êxito, para que se sintam competentes e melhorem a sua motivação.
- **Começar com os prêmios**, e não com os castigos. Essas crianças já são muito mais castigadas que as outras. O castigo funciona somente se for muito imediato.
- **Elaborar um auto-registro de cumprimento** de objetivos e um sistema de fichas.
- **Propiciar situações de êxito** e destacá-las.

CAPACIDADE DE REFLEXÃO

- Estruturar o ambiente com sinais visuais relacionados à intenção de ESPERAR e PENSAR.

- Ser **modelo no uso da linguagem interna** nos processos de resolução de problemas.
- Pedir para que a criança PENSE EM VOZ ALTA, que conte o que está fazendo ou tem que fazer para, assim, possibilitar a produção da linguagem interna mediadora na conduta.

MELHORAR SUAS ESTRATÉGIAS DE RESOLUÇÃO DE PROBLEMAS

- **Analisar** as situações e conseqüências dos comportamentos próprios e dos alheios também.
- Pensar em **opções** para a solução executada.
- **Devolver à criança a informação** sobre o seu comportamento e da aproximação, ou não, das metas estabelecidas.
- **Treinar a auto-avaliação da criança**, solicitando-lhe que julgue o próprio comportamento.

CONTINGÊNCIA DEPENDENTE DO GRUPO

- **Determinar certas metas** fáceis de serem alcançadas e reforçar toda a classe como conseqüência do fato de a criança ter atingido a meta.

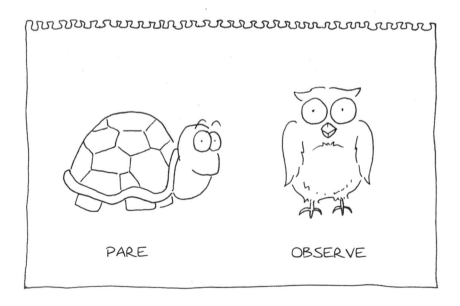

DIFICULDADES DE AUTOCONTROLE

NA PRÁTICA

Laura tem 7 anos de idade e uma personalidade forte. Tanto em casa quanto na sala de aula, fica muito brava pelas coisas mais bobas, então grita, chora e bate na irmã ou nos colegas de sala que tiveram alguma coisa a ver com o pequeno problema.

Depois de um tempo, ela percebe seu erro e fica muito mal, pedindo mil desculpas, mas não é capaz de controlar as suas crises; e tudo se repete.

Sua professora conhecia a técnica de autocontrole chamada "A tartaruga", de Schneider e Robin (Bonet, 1992). Resolveu então contar a Laura a história da GRANDE TARTARUGA SÁBIA, que se escondia na carapaça quando pressentia perigo. Enquanto se mantinha escondida, a tartaruga pensava e relaxava. Esse gesto do animal deveria ser imitado pela menina sempre que ela sentisse, nem que fosse só um pouco, algum aborrecimento ou raiva, algum mal-estar ou qualquer sentimento negativo ou desagradável.

Toda vez que a professora visse a menina nessa postura de tartaruga, ela ganharia um prêmio. Além disso, "A tartaruga" foi implantada como jogo para toda a classe. Muitas crianças da sala de Laura adotavam tal postura sem nenhum motivo, apenas para ganhar o prêmio. Mesmo assim, o jogo funcionou, reduzindo muito os conflitos em toda a sala de aula, e não somente com Laura.

A partir daí, Laura, aos poucos, foi conseguindo melhorar a sua reação frente aos aborrecimentos e à sua raiva. Os pais de Laura também notaram significativas mudanças. Entretanto, um comportamento da menina deixou os pais muito apreensivos: "Ela desenvolveu um tique ou mania raríssima... freqüentemente encolhe os ombros e recolhe a cabeça".

Tudo ficou esclarecido com uma boa coordenação na seguinte reunião de pais e professores, e juntos eles idealizaram um novo plano para que Laura fosse capaz de PARAR e PENSAR antes de responder a algo. Agora a menina poderia brincar de CORUJA, *que abre muito os olhos, fica em silêncio e pensa antes de falar ou fazer alguma coisa.*

NA PRÁTICA

Rodrigo é uma criança que, quando vai a uma consulta, age como se estivesse em casa:
- Fica falando na recepção (atrapalhando o trabalho dos funcionários).
- Conversa de forma muito animada com qualquer adulto na sala de espera, perguntando o que ele faz ali e convidando-o para brincar de esconde-esconde ou com o videogame.
- Quando fica com fome, vai para a cozinha e fica procurando algo para comer.
- Quando fica entediado, entra nas salas sem avisar e fica fazendo pedidos.
- Grita em vez de falar.
- Corre para trocar de lugar.
- Já quebrou alguns objetos no centro de psicologia que freqüenta.

A mãe de Rodrigo fica muito preocupada, mas não consegue controlá-lo, sobretudo quando está ausente. Era urgente traçar um plano, então chegamos ao seguinte:
- Ele deveria ter sempre alguns livros e jogos preparados na sala de espera para poder entreter-se de forma adequada enquanto espera.
- A mãe deveria sempre levar um lanche para que ele comesse se ficasse com fome; não seria permitida a sua entrada na cozinha.
- Poderia ir à seção de almoxarifado para pedir jogos novos, mas andando calmamente no corredor e batendo à porta antes de entrar.
- Um acordo foi estabelecido para que os mesmos procedimentos fossem adotados na consulta ao neurologista.
- Ao final de cada sessão, haveria uma avaliação que, se positiva, poderia ser recompensada com um prêmio nesse mesmo dia.

Depois de alguns dias, todos notaram a diferença, os outros profissionais do centro foram até o menino e parabenizaram-no pela mudança positiva.

Capítulo 8

Estilo cognitivo

8.1. ESTILO COGNITIVO

O estilo cognitivo é a forma como percebemos a informação que recebemos das mais diferentes fontes e o processamento que efetuamos dessa informação.

Há muitas teorias explicativas do que se convencionou chamar "estilo cognitivo", e a que mais colabora para explicar o estilo cognitivo das crianças com TDAH é a teoria de "deficiência de auto-regulação", de Virginia Douglas (1984).

Para Douglas, há determinadas predisposições básicas, com uma forte base neurológica, que facilitam e criam habilidades cognitivas. Segundo a autora, tais predisposições básicas são:

- A capacidade de aprender por meio das conseqüências, do impacto dos estímulos e das conseqüências na resposta.
- As habilidades de atenção e concentração.
- A capacidade de inibição.
- A capacidade de regular a excitação.

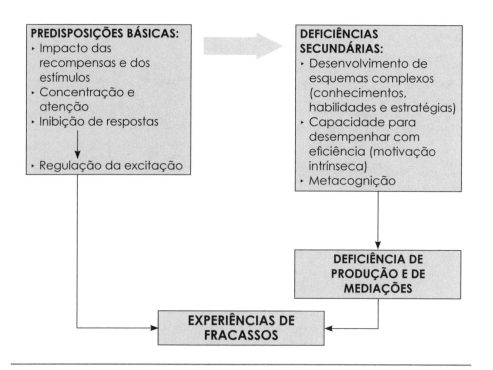

Estilo cognitivo

Essas predisposições básicas facilitam ou não a aquisição de algumas **habilidades cognitivas secundárias**:

- EVENTOS COGNITIVOS: diálogo interno, idéias automáticas, mensagens telegráficas, às vezes inconscientes e involuntárias, às vezes voluntárias e conscientes (linguagem interna).
- PROCESSOS COGNOSCITIVOS: todos os mecanismos de processamento da informação, como detectar, analisar, memorizar, armazenar, relacionar, conectar, classificar, recuperar etc., são, em um primeiro momento, inconscientes e involuntários.
- PROCESSOS METACOGNOSCITIVOS: conhecimento pessoal acerca dos processos cognoscitivos; o fato de saber que pode controlá-los e desenvolvê-los; descobrir o modo, de maneira voluntária, de trabalhar com eles.
- ESTRUTURAS COGNOSCITIVAS: trata-se dos esquemas mentais por meio dos quais nos relacionamos com o mundo e conosco.

Ter esquemas mentais bons, adequados e eficazes que permitam relacionar-se com o mundo e consigo mesmo de maneira adequada, que permitam amadurecer, crescer, desenvolver-se como pessoa em todas as áreas e exercitando todas as potencialidades depende de possuir uma boa metacognição dos processos cognoscitivos. Para ter alguns processos cognoscitivos adequados, é necessário possuir uma linguagem interna ou eventos cognoscitivos adequados.

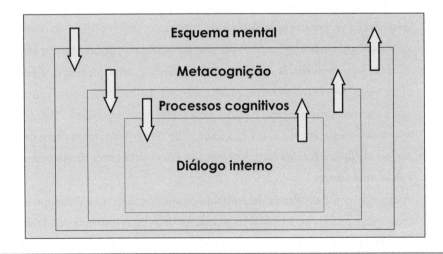

8.1.1. O QUE É?

As crianças com TDAH podem apresentar dificuldades desde o primeiro nível, desenvolvendo uma linguagem interna pobre e inadequada (eventos cognoscitivos), o que impede o desenvolvimento adequado dos processos, da metacognição e dos esquemas mentais.

Existem três níveis de dificuldades cognitivas de mediação, conforme já mencionado no Capítulo 5:

Deficiência de mediação: nesse caso, as crianças não têm fala interna nem atos cognitivos, não falam consigo mesmas para poder controlar o próprio comportamento. Quando praticam essa fala interna, não o fazem como autoguia, ou seja, o conteúdo dessas verbalizações não está relacionado ao comportamento que está sendo levado a cabo no momento.

Deficiência de produção: quando possuem linguagem interna, que seria adequada para realizar o que precisam, mas fracassam na hora de colocá-la em prática nas situações apropriadas; não identificam a situação em que devem colocar em prática essas habilidades cognitivas que possuem.

Deficiência de controle: quando possuem linguagem interna, colocam-na em prática na situação adequada. Ainda que utilizem a auto-instrução de forma adequada com relação ao comportamento que está sendo emitido, não são tão potentes para conseguir mudar o próprio comportamento.

EXEMPLOS

- Enquanto realiza um trabalho manual (como recortar figuras), a criança com **deficiência de mediação** fala sobre o que fez no fim de semana ou presta atenção naquilo que vê, por exemplo, pela janela. Nesse caso, observa-se que ela corta erroneamente as figuras e, inclusive, o próprio uniforme, sem perceber o que faz.
- Nos casos de **deficiência de produção**, a criança já sabe que tem de falar para si mesma: "Devagarzinho, vou prestar atenção na linha que tenho que recortar, parar nos cantos e girar o papel para poder recortar direito..." e... ou ela não o faz, e é necessário ajudá-la a identificar que é nisso que ela tem de pensar, ou ela dá a si mesma outras instruções, para outra tarefa similar, como decalcar uma figura.
- A criança com **deficiência de controle** é capaz de falar para si mesma as instruções adequadas para realizar as atividades, mas essas instruções não têm força suficiente para controlar o comportamento motor. Ela pode até dizer a si

Estilo cognitivo

mesma: "Devagarzinho, vou prestar atenção na linha que tenho que recortar, parar nos cantos e girar o papel para poder recortar direito...". No entanto, não é capaz de proceder dessa maneira.

8.1.2. COMO SE MANIFESTA?

- Diálogo interno inexistente, inadequado ou ineficaz.
- Processos cognitivos pobres, dificuldades para prestar atenção, selecionar, identificar, etiquetar, classificar, relacionar, memorizar ou recuperar uma informação.
- Pouca consciência de que esses processos podem ser voluntários e trabalhados, desenvolvidos e fomentados de forma consciente.
- Esquemas mentais inadequados ou ineficazes: como se avalia a realidade, o que está acontecendo, quais explicações encontra, os tipos de atribuições, quais causas encontra para o que está ocorrendo, a consciência que tem sobre o papel da própria conduta em tudo isso, as metas a que se propõe, as diferentes soluções que encontra para consegui-las.
- Falta de planejamento.
- Respostas pouco estruturadas.
- Predomínio da atenção involuntária.
- Dificuldades para diferenciar os estímulos relevantes.
- Problemas para estabelecer redes de conexão entre aprendizados.
- Impulsividade mais que reflexão.
- Rigidez perante as demandas do ambiente.

8.1.3. CONSEQÜÊNCIAS

- Necessidade de um ambiente estável e previsível.
- Necessidade de ambientes estruturados e com poucos estímulos irrelevantes.
- Pouca autonomia.
- Necessidade de guia externo.
- Dificuldades na organização das informações.
- Problemas para fazer auto-avaliação.
- Dificuldades para adaptar-se às demandas do ambiente.
- Dificuldades para adaptar-se a um período de tempo estabelecido para a tarefa e para cumprir horários.
- Dificuldade para usar conhecimentos prévios a fim de resolver problemas.
- Dificuldades para prestar atenção nas informações relevantes, a fim de organizá-las e processá-las.
- Dificuldades no rendimento escolar.
- Dificuldades nas relações sociais.

Os déficits cognitivos estão na base de todos os problemas das crianças com TDAH: na atenção, na concentração, na impulsividade, na regulação, no autocontrole, na execução das atividades escolares, na aprendizagem e na solução dos problemas sociais.

8.1.4. O QUE PODEMOS MUDAR PARA FAVORECER UM ESTILO DE PENSAMENTO ADEQUADO?

AJUDAR A CRIANÇA A ANALISAR O PRÓPRIO COMPORTAMENTO E ENSINÁ-LA A VALORIZÁ-LO

- **Proporcionar-lhe opções** para a análise das situações.
- Ajudá-las na valoração das suas atividades mediante um **auto-registro**, tanto quando as concluem com êxito como quando não alcançam suas metas.
- **Ponto de rendimento**, que consiste em aproveitar qualquer situação, conflito, problema para obrigá-la a pensar usando as quatro perguntas das auto-instruções.
- **Reforçar** o resultado final do comportamento e o processo de solução utilizado.
- **Obrigá-la** a reconhecer e reforçar em voz alta as habilidades cognitivas utilizadas.

AUMENTAR A SUA MOTIVAÇÃO

- **Proporcionar experiências de êxito** para que a criança possa fazer atribuições adequadas: "o êxito se deve ao meu esforço, e não ao acaso".
- Favorecer o papel de "**ajudante do professor**".
- **Trabalhar com a imaginação**, ajudá-la e obrigá-la a lembrar-se de fatos passados, de como foi a sua atuação e qual foi a conseqüência; ajudá-la e obrigá-la a imaginar todos os futuros possíveis.

AJUDÁ-LA A REFLETIR E ANALISAR SITUAÇÕES

- **Modelação cognitiva**: ser modelo que se auto-instrui enquanto emite qualquer comportamento.
- Treiná-la na técnica de **solução de problemas**.
- Fomentar o uso das **auto-instruções**.
- Instaurar o **diálogo interno**, PENSANDO EM VOZ ALTA.
- Trocar pensamentos derrotistas, autodestrutivos ou pessimistas por **pensamentos positivos**.

O GRANDE PULO: TROCA DE PAPÉIS

Que grande frustração! Que desespero! Que vontade de jogar a toalha quando temos que aprender uma tarefa nova, difícil e trabalhosa!

É isso que diriam algumas pessoas ao aprenderem um novo programa de computador, outros ao aprenderem passos de dança, outros para aprender a dirigir.

O nosso professor nos passou as instruções e os passos a serem seguidos MAIS DE UMA VEZ, e podemos ver como ele faz isso sem dificuldade.

Finalmente, está tudo claro nas nossas cabeças e somos capazes de dizer em voz alta: "Vamos ver, como era isso aqui mesmo? Assim... e agora isto. Pronto, já me lembro de tudo, tenho tudo na cabeça!".

Mas quanta prática e repetição foram necessárias até que fizéssemos as coisas direito e até que saíssem de maneira automática, sem pensar e de modo imediato?

NA PRÁTICA

A psicóloga de João entrou em contato com a professora dele para informá-la de que todas as dificuldades do menino tinham como causa o TDAH. As dificuldades de João não estavam relacionadas a uma possível falha no modo de a professora lecionar, nem ao fato de os pais terem se divorciado recentemente. A psicóloga disse que era necessário um trabalho conjunto e coordenado com a escola e os pais, para que João evoluísse de maneira adequada e pudesse enfrentar suas dificuldades com êxito.

A psicóloga orientou a professora sobre como proceder em sala de aula. Esta deveria mudar principalmente a situação de estimulação e manejar as conseqüências, sem que isso representasse demasiado esforço para ela e sem mudar muito a dinâmica da classe. Aos poucos, João foi se controlando e ajustando o seu comportamento à situação escolar. Enquanto isso, a psicóloga trabalhava duas vezes por semana com ele, na aquisição das estratégias cognitivas de que o menino necessitava, principalmente a LINGUAGEM INTERNA COMO MEDIADORA DO COMPORTAMENTO.

Forneceu a referência do programa que estava usando, *Habilidades cognitivas y sociales en la infancia: piensa en voz alta. Un programa de resolución de problemas para niños*, de Camp e Bash (1998). A psicóloga e a professora estabeleceram um acordo: quando João, na consulta, aprendesse a controlar seu comportamento por meio das auto-instruções (Meichenbaum, 1977), ambas voltariam a ter contato, a fim de que o autocontrole alcançado no consultório ocorresse também na sala de aula, começando pelos comportamentos que a professora considerasse mais convenientes.

Dessa forma, João conheceu o URSO ARTHUR e com ele aprendeu que em qualquer situação, para qualquer atividade, para fazer qualquer tarefa, jogo ou problema, deveria fazer quatro perguntas a si mesmo, em VOZ ALTA, e respondê-las:

Qual é o meu problema/tarefa?
Qual será o meu plano e como vou executá-lo?
Estou usando o meu plano?
Como fiz isso?

Com Isabel, João brincou de "Sombra", "Os robôs programados", "O chefe diz", entre muitas outras brincadeiras que o ajudaram a fazer melhor as coisas e a cometer menos erros. Dessa forma, ele poderia constatar que não era burro e que todos os problemas têm solução. Se estivesse mais feliz, tudo sairia bem.

Certo dia, reuniram-se João, Isabel e Mariana, e decidiram quais comportamentos deviam tentar melhorar:

— Não ter mais do que o necessário sobre a carteira.
— Anotar toda a lição de casa na agenda.

João pensou nos planos, e a professora assentiu. Assim que tiraram fotocópias dos desenhos do Urso Arthur, plastificaram e colaram os desenhos num cantinho de suas carteiras.

João pensou nos seguintes planos e anotou todos:

Antes de começar qualquer lição, falar em voz alta para mim mesmo tudo de que vou precisar, pegar essas coisas e guardar o restante do material.

Pedir ajuda para Laura, minha melhor amiga, para que ela me lembre do que tenho para fazer e me diga: "JOÃO, A AGENDA"; e isso servirá para que eu anote as tarefas. Se um dia a Laura não vier, colocarei um papel escrito "AGENDA" no bolso da mochila.

A psicóloga disse a Mariana que ela precisaria fazer somente duas coisas para favorecer a generalização: quando o fizesse, ou seja, quando falasse em voz alta, lendo as frases do Urso Arthur, e executasse bem o comportamento adequado, que fizesse algum comentário positivo ou um gesto de satisfação. Deveria reforçar tanto o processo como a conduta em si.

Se João não se lembrasse de usar as AUTO-INSTRUÇÕES, que ela somente dissesse em voz alta ou mostrasse ao menino o desenho "QUAL É A MINHA TAREFA?", e isso funcionaria como estímulo para que ele continuasse a cadeia por conta própria.

E assim continuaram. Foi um ano duro, de muito trabalho, coordenação e de aprendizado para todos. Mas o resultado fez tudo valer a pena.

Capítulo **9**

Dificuldades para adiar as recompensas

9.1. DIFICULDADES PARA ADIAR AS RECOMPENSAS

O modelo de aprendizagem instrumental explica que o comportamento pode ser afetado, tanto quantitativa (intensidade e freqüência) quanto qualitativamente, pelas conseqüências que o seguem de modo contingente.

Se desejarmos que a criança emita determinado comportamento com mais freqüência ou que o realize melhor, isso se conseguirá simplesmente dando-lhe uma recompensa contingentemente à emissão de tal comportamento. Por exemplo: se desejamos que a criança tenha a sua mesa organizada, buscaremos algo de que ela goste, que lhe agrade, que seja positivo, que ela queira – um elogio, um comentário positivo, uma gratificação, um privilégio, ser o encarregado de apagar a lousa, regar as plantas, mais tempo de recreio etc. – e essas recompensas só serão concedidas se, nesse caso, ela deixar a sua própria mesa organizada.

Do mesmo modo, se se pretende reduzir ou eliminar um comportamento, será necessário associar uma conseqüência negativa contingentemente à emissão do comportamento.

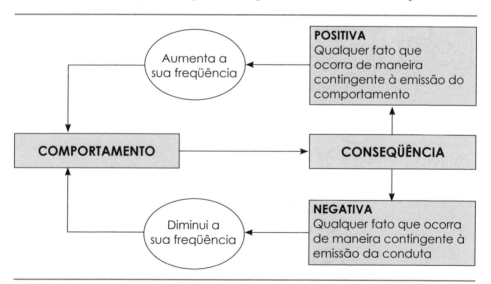

Para que esse procedimento seja eficaz, o modelo de aprendizagem instrumental estudou os diferentes critérios a serem considerados, a saber:

- A intensidade e a duração da conseqüência.
- O tipo de conseqüência: social, material e de atividade.

DIFICULDADES PARA ADIAR AS RECOMPENSAS

- O intervalo entre a emissão do comportamento e a ocorrência da conseqüência.
- O programa de contingência:
  - Contínuo, se a recompensa for obtida sempre que o comportamento for emitido.
  - Intermitente, se nem sempre que se emita o comportamento a recompensa seja obtida.

É possível variar cada um desses critérios para conseguir objetivos diferentes na emissão do comportamento, por exemplo: aumentar a freqüência rapidamente; tornar o aprendizado mais lento, mas que seja adquirido de maneira consistente, sem ser esquecido; fazer com que não seja necessário reforçar o comportamento sempre que ele surgir e fazer com que seja resistente à extinção; que a realização do comportamento se converta no verdadeiro reforço; que o reforço seja alcançado em longo prazo; que o reforço passe a ser algo interno, em vez de externo etc. Ainda assim, é sempre necessário lembrar e considerar outros fatores:

- **Do próprio sujeito**: idade, desenvolvimento evolutivo, maturidade do sistema nervoso, histórico de aprendizagem.
- **Do comportamento a ser emitido**: dificuldade do mesmo, e se já faz parte do repertório de comportamentos do sujeito ou não.

9.1.1. O QUE SÃO?

São uma conseqüência da dificuldade específica para controlar os impulsos, apresentando dificuldades para esperar um lapso de tempo a fim de obter uma recompensa, já que as crianças hiperativas precisam ver as suas necessidades satisfeitas imediatamente. Elas não conseguem se esforçar para alcançar as metas a longo prazo, funcionam melhor com um prêmio pequeno, porém imediato, do que com outro mais importante, mas afastado no tempo. Geralmente, não consideram as conseqüências geradas por seu comportamento a longo prazo.

OLHO DA MENTE
Apresentam dificuldades para lembrar o que aconteceu no passado quando tiveram determinado comportamento. Apresentam dificuldades para imaginar o que acontecerá no futuro se tiverem tal comportamento.

Como essas crianças se concentram em aspectos gratificantes da situação, respondem melhor quando, de forma contingente e imediata ao seu comportamento, recebem uma recompensa ou perdem privilégios. Ainda assim, têm dificuldades para

aprender com as conseqüências, de modo que será necessário não somente controlar as conseqüências, mas também modificar o ambiente e a situação de estimulação como medidas de prevenção e para conseguir que tenham um comportamento adequado e ajustado a fim de facilitar o seu aprendizado.

9.1.2. COMO SE MANIFESTAM?

- Necessidade de satisfazer imediatamente os seus desejos, incapacidade para esperar o reforço devido à incapacidade de controlar as suas emoções.
- **Deficiente e escasso manejo da antecipação**: para elas, é muito difícil "saber" com antecipação o que acontecerá, ainda que seja um futuro imediato. Apresentam dificuldades para saber qual será o prêmio pela sua ação.
- Baixa tolerância à frustração.

Não devemos deixar de reforçar imediatamente um comportamento adequado ou castigar aquele considerado impróprio. Mas é fundamental saber que, com crianças portadoras de TDAH, os resultados não serão tão surpreendentes como com as crianças que não têm esse transtorno.

9.1.3. CONSEQÜÊNCIAS

- Às vezes, a demora resulta em perda do controle.
- A motivação da criança hiperativa diminui. Ela apresenta pouca sensibilidade com relação aos reforçadores do ambiente que costumam motivar para o trabalho, para inibir comportamentos e mantê-la nas tarefas.
- Ficam frustradas excessivamente quando não surgem recompensas antecipadas ou imediatas.

- Têm problemas para se organizar e alcançar metas a longo prazo, em razão da dificuldade para antecipar os resultados e esperar o reforço.
- Criação de um círculo vicioso:
  - Agem de maneira inadequada.
  - Como não agem de maneira adequada, não são reforçadas.
  - Como não são reforçadas, não aprendem.

O GRANDE PULO: TROCA DE PAPÉIS

A empresa em que você trabalha enfrenta problemas financeiros. Você tem um alto cargo de responsabilidade. As pessoas que o cercam consideram que, por causa de sua maturidade, dedicação e envolvimento, você será capaz de seguir trabalhando nos próximos meses, apesar de não receber salário e não ter perspectiva de quando isso ocorrerá de fato.

Esperam que a sua produtividade não seja alterada, uma vez que sempre foi sua obrigação mantê-la.

O GRANDE PULO: TROCA DE PAPÉIS

É verão e você está praticando o seu esporte favorito: tênis. O amigo com quem joga é muito habilidoso e você tem vontade de ganhar dele, então se esforça e vai atrás de todas as bolas. Os *games* e *sets* vão passando, e você está cada vez mais cansado. Faz mais calor. Você só consegue pensar no fim do jogo, quando poderá tomar litros de água gelada. Finalmente acontece: o jogo termina e você ganha! Você procura impacientemente por uma moeda na sua mochila enquanto se aproxima da máquina de refrigerantes... e então insere a moeda. Já salivando e quase notando bolhas refrescantes no paladar, escuta a máquina engolindo a moeda e fazendo alguns barulhos. Nesse momento, um funcionário do clube passa tranqüilamente e lhe diz que a máquina está quebrada e que não há mais nada para beber em todo o recinto.

9.1.4. O QUE PODEMOS MUDAR PARA FAVORECER A CAPACIDADE DE ADIAR RECOMPENSAS?

AUMENTAR A MOTIVAÇÃO

- Começar **baixando** o nosso nível de **exigência**. Permitir os sussurros e movimentos.
- Usar **recompensas** que sejam verdadeiramente **atraentes** para essas crianças.
- **Proporcionar experiências de êxito** para que elas possam obter reforçadores e aprendam a perceber que as conseqüências dependem do próprio comportamento.
- Como essas crianças não têm automotivação, é importante recompensá-las no ambiente imediato. **Ganhar em dobro**: concluir uma tarefa já é um mérito, além do prêmio como conseqüência do comportamento adequado.
- **Dar mais** *feedback* às crianças, informar-lhes com freqüência sobre como elas têm se comportado ("Você está fazendo bem ou mal...").
- **Começar com os prêmios**, e não com os castigos. Elas já são crianças muito mais castigadas que as outras. O castigo funciona somente se for imediato.
- **Trabalhar a imaginação**, ajudá-las e obrigá-las a lembrar-se de fatos passados, qual foi a ação delas e qual foi a conseqüência; ajudá-las e obrigá-las a imaginar o futuro da forma mais vívida possível.

MANEJO DE CONTINGÊNCIAS

- Programar e combinar o uso do **custo de resposta** para facilitar a inibição do comportamento inadequado.

AJUDAR A CRIANÇA A MANTER A MOTIVAÇÃO

- **Lembrá-la** com freqüência da recompensa que **ela pode esperar** pelo seu esforço.

CONTROLE DE ESTÍMULOS

- Devem-se colocar lembretes visuais (desenhos, *post-it* ou escritos) que sinalizem as recompensas que ela poderá obter. Esses avisos devem estar em lugares nos quais a criança poderá observar com freqüência, como o caderno, a carteira da sala de aula ou as gavetas, por exemplo.

- **Marcadores de tempo**: as crianças hiperativas não têm consciência do tempo, de modo que é inútil conceder-lhes mais – não conseguirão utilizá-lo. O tempo deve ser convertido em algo real com relógios, cronômetros, relógios de areia etc.

NA PRÁTICA

Xavier, professor de Alberto, um garoto de oito anos de idade, está desesperado. Além de Alberto, que foi diagnosticado com TDAH, ele acredita que mais duas ou três crianças também sofrem do mesmo transtorno. Isso significa que esse professor tem uma sala de aula com alunos bem "agitados". Em algumas atividades – como na aula de música, por exemplo –, as dificuldades para eles se controlarem são enormes, assim como para ficarem quietos e atentos às instruções.

Atender a estímulos auditivos, ter que ficar em silêncio para escutar a música e ainda ter em mãos instrumentos (percussivos, em sua maioria) é uma combinação explosiva.

O professor tentou de tudo: castigar os alunos, premiá-los, deixar que se cansassem e se esgotassem com as atividades, mas não deu resultado. Em algumas ocasiões, a idéia de conseguir um prêmio empolgava bastante as crianças, mas, se elas não alcançavam o objetivo, ficavam frustradas, perdiam o controle e se comportavam muito mal durante todo o resto da aula. Xavier não sabia mais o que fazer a respeito.

Ao contar essas experiências aos colegas do corpo docente e inclusive à coordenadora pedagógica, lembraram-se do curso "Modificação de comportamento na sala de aula" feito havia algum tempo. Logo, veio à tona uma técnica que, embora não fosse dirigida a crianças com TDAH, poderia funcionar.

A técnica se chamava CUSTO DE RESPOSTA e nunca havia sido usada por eles porque os professores achavam que era mais complicada de ser levada a cabo que o reforço, a extinção e o *time out*. Entretanto, como não viam outra saída, colocaram as mãos à obra e elaboraram os passos a seguir:

1. Fizeram uma lista de atividades muito atraentes para as crianças com dificuldades e também para o restante da classe: mais tempo de recreio e mais tempo de brincadeiras. O professor reservou os últimos dez minutos da aula para que os alunos pudessem ouvir uma música escolhida por eles mesmos.

2. Todo dia, antes de começar a aula de música, o professor anotaria na lousa o PRÊMIO que JÁ TINHAM, e também como eles poderiam perder esse prêmio
   - Se não ficassem quietos e não fizessem barulho quando fosse pedido SILÊNCIO pelo professor.
   - Se todos não ficassem sentados e sem tocar o instrumento quando fosse dada a ordem SENTADOS e QUIETOS.
3. Também pensaram no número permitido de erros, partindo do nível de dificuldade da classe, de modo que durante os primeiros dias o número permitido de erros fosse suficientemente alto para que pudessem atingir o reforço e a diminuição dos conflitos fosse significativa. Decidiram que o número máximo permitido de erros seria sete.
4. Com esse número fixado, o professor desenharia na lousa sete rostinhos que iriam sendo riscados conforme as crianças não obedecessem às ordens.
5. O professor explicou o jogo aos alunos. Disse-lhes que a cada dia a sala teria um prêmio, de uma lista enorme, que só seria obtido se fossem capazes de cumprir duas ordens. Como essas ordens seriam difíceis de ser cumpridas, eles teriam várias chances, representadas pelas carinhas. Toda vez que a aula acabasse e todas as carinhas não estivessem riscadas, os alunos ganhariam um prêmio.

6. Finalmente, ficou bem claro para os professores que eles teriam de ir modificando o número permitido de erros conforme o avanço das crianças.

Realmente, todo o esforço valeu a pena. *A posteriori*, perceberam a grande quantidade de qualidades que essa técnica tinha para que fosse tão eficaz:
- **USO DE UMA ORDEM VERBAL COM O APOIO DE UMA IMAGEM.**
- **IMAGEM VISUAL COMO LEMBRETE E INFORMAÇÃO.**
- **USO DO REFORÇO, E NÃO DO CASTIGO.**
- **NÃO HÁ FRUSTAÇÃO COM OS ERROS,** "Ainda podemos conseguir!".

- COESÃO DO GRUPO, TODOS GANHAM.
- MUDANÇA DE ATITUDE DOS COLEGAS EM RELAÇÃO ÀS CRIANÇAS COM DIFICULDADES.

Xavier agora tem mais tranqüilidade para trabalhar e também se divertir com as aulas de música. No último curso de "Modificação de comportamento na sala de aula", contou a sua experiência e incentivou seus companheiros a colocar a técnica em prática.

As conseqüências positivas e negativas devem ser imediatas. Além disso, é possível ajudar as crianças, antes de agirem, a lembrarem-se do que aconteceu em ocasiões anteriores, propiciando a experiência de imaginar o que poderia acontecer no futuro.

Capítulo 10

Inabilidade motora

10.1. INABILIDADE MOTORA

Graças à atividade motora, o indivíduo explora e reorganiza o meio. A habilidade motora se desenvolve desde muito cedo por meio da interação do homem com o ambiente em que vive. Essa habilidade permite a realização de grandes movimentos, como deslocar-se, pular, andar em uma só perna etc., e de movimentos finos envolvidos em atividades como usar uma colher, o lápis ou o martelo, os quais exigem um nível mais alto de precisão.

Conforme interagimos com o meio, recebemos informações sobre as capacidades que possuímos (se somos capazes de correr sem cair, por exemplo), configurando a imagem que temos de nós mesmos (se somos ou não habilidosos, por exemplo), e atuamos com base no autoconceito. Por exemplo: se você se achar lento e se sentir lento, provavelmente não desejará fazer parte de um time de futebol. Isso repercute nas probabilidades de que repitamos ou evitemos determinadas atividades. Essa decisão influencia as oportunidades de praticar e a motivação em aprender tal habilidade ("Afinal de contas, se sou lento, não vou me esforçar para praticar e aprender").

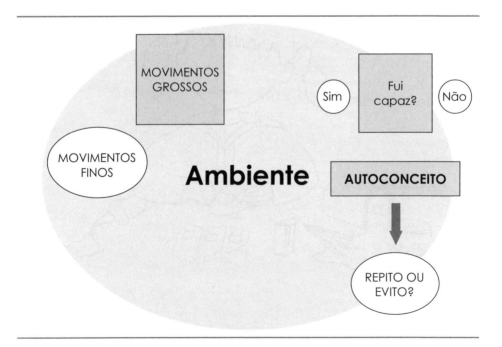

INABILIDADE MOTORA

10.1.1. O QUE É?

As crianças com TDAH apresentam uma capacidade menor na execução ou na precisão dos movimentos em relação ao esperado, segundo o momento evolutivo no qual se encontram.

Muitas vezes, elas apresentam uma precocidade no desenvolvimento motor, mas com uma psicomotricidade pouco harmoniosa.

10.1.2. COMO SE MANIFESTA?

- Dificuldades na motricidade grossa para, por exemplo, manter o equilíbrio ou realizar movimentos coordenados.
- Dificuldades na motricidade fina que podem ser observadas no uso do lápis, da tesoura, do caderno, do apontador, em trabalhos manuais no geral, desenhos, caligrafia etc.

10.1.3. CONSEQÜÊNCIAS

- Movimentos bruscos.
- Tropeções e/ou quedas freqüentes.
- Golpes.
- Quebra de objetos.
- Dificuldades nas disciplinas que exigem uma melhor coordenação motora.
- Essas crianças apresentam trabalhos escolares sujos e freqüentemente rasgados (não há controle no uso da borracha, apertam demais o lápis quando escrevem, arrancam as folhas quando abrem ou fecham os livros etc.).
- Com freqüência, o material escolar está deteriorado.
- Aspecto descuidado, devido à dificuldade para pentear-se, arrumar-se, amarrar os tênis etc.

O GRANDE PULO: TROCA DE PAPÉIS

Imagine que você tenha que se trocar (coisa que sabe fazer muito bem), mas com LUVAS DE BOXE. Você é pressionado a fazer tudo rápido para não chegar atrasado. Você não ficaria desesperado e não deixaria alguma coisa sem amarrar ou abotoar?

10.1.4. O QUE PODEMOS MUDAR PARA MELHORAR A COORDENAÇÃO MOTORA?

EVITAR O AUTOCONCEITO NEGATIVO

- Não rotular nem fazer juízos de valor sobre o comportamento das crianças portadoras de TDAH; elas não agem de maneira proposital.
- **Destacar as qualidades** e propiciar o êxito.

FACILITAR A AQUISIÇÃO DE HABILIDADES PSICOMOTORAS ADEQUADAS

- Realizar treinamento específico em **psicomotricidade**: recortar, colorir, decalcar, pregar, contornar figuras, fazer quebra-cabeças, brincar com bolinhas de gude, pintar com os dedos, fazer traçados etc.
- **Ensinar a fazer as tarefas muito lentamente**: "como se estivéssemos em câmera lenta".
- Realizar pequenas **tarefas em grupo** que também acarretem em treinamento e motivação.
- Estabelecer metas e agir contingentemente com sua consecução.

O QUE DEVE SER CONSIDERADO

Algumas dessas manifestações secundárias ao TDAH não são o objetivo prioritário de intervenção, porque, trabalhando as suas deficiências principais (atenção, impulsividade e hiperatividade), as secundárias podem melhorar.

É importante considerá-las para evitar o autoconceito negativo, para avaliar a evolução da criança e, se necessário, encaminhar ao tratamento adequado.

NA PRÁTICA

Maria sempre recebe notas baixas quando apresenta os seus cadernos e livros de trabalho. O material que apresenta geralmente têm páginas soltas, folhas amassadas e, às vezes, vai da página 10 à página 14.

Observamos que Maria folheia os livros com rapidez e de forma brusca. Ela tem dificuldades para controlar os movimentos mais precisos. Para evitar a deterioração do material e favorecer o autocontrole dos seus movimentos, propusemos um jogo: "ir em câmera lenta".

A brincadeira consiste em ir o mais devagar possível na hora de virar as folhas; passar uma a uma e observar as diferentes posições da folha quando ela faz o movimento: deitada, sendo levantada, de pé e deitando do outro lado.

Pedimos a Maria que trouxesse cadernos novos. Queríamos mostrar-lhe que, se seguisse o jogo, os cadernos se manteriam "novinhos", sem pedaços de folhas amassadas ou saindo pelos lados.

A professora atribuía pontos especiais por Maria ter conseguido acompanhar o jogo todas as semanas.

Depois, aproveitamos que os alunos iriam fazer o presente do Dia das Mães para usar o jogo em outra situação que favorecia o treinamento da motricidade fina: recortar usando a tesoura. Nas vezes em que precisou usar a tesoura, Maria sempre a deixava cair. A tesoura ficava torta, dobrava e amassava o papel, não cortava etc. Quanto mais dificuldades encontrava, mais enraivecida e nervosa ela ficava. Tentava ir mais rápido para ver se, dessa forma, conseguia recortar corretamente.

A professora incentivou Maria a continuar o jogo. O presente ficou mais bonito, ela ficou muito mais feliz e se empolgou para continuar praticando com a tesoura.

Para que Maria pudesse melhorar o controle de seus movimentos, sugerimos à professora a prática de jogos de relaxamento e autocontrole:

- "A árvore balançada pelo vento": com os olhos fechados, a criança move lentamente os braços e o corpo como se fosse uma árvore sendo balançada pelo vento. Algumas vezes, o vento soprará mais forte que outras e ajustaremos a nossa velocidade à circunstância.
- "Bexiga": trata-se de encher uma bexiga o mais lentamente possível, deixando que saia em disparada enquanto se esvazia. Depois a criança terá que encher-se e esvaziar-se como a bexiga.
- "A sombra": consiste em ser capaz de imitar ou representar os movimentos muito lentos de outro ser ou objeto, como uma flor que desabrocha, uma serpente, uma coruja ou uma marionete.

A professora apresentou esses jogos e observou que serviam tanto para melhorar o controle do próprio corpo quanto para as crianças ficarem mais relaxadas. Por isso, começou a utilizá-los quando percebia que as crianças estavam inquietas e exaltadas.

Capítulo 11

Relações sociais

11.1. RELAÇÕES SOCIAIS PROBLEMÁTICAS

O comportamento social de uma criança tem um papel essencial na aquisição de gratificação obtida da relação com os colegas e com os adultos, mas também permite que ela assimile os papéis e as normas sociais estabelecidos em diversas situações e contextos, como na escola, em um museu etc.

Entendemos que uma criança tem boas habilidades sociais ou um comportamento social adequado quando ela possui um repertório de comportamentos verbais e não-verbais capaz de influenciar as respostas de outras pessoas (colegas, pais, irmãos e professores) no contexto interpessoal. Esse repertório atua como um mecanismo por meio do qual as crianças influenciam o seu meio ambiente, obtendo, suprimindo ou evitando conseqüências desejadas ou não no ambiente social quando são bem-sucedidas em obter as conseqüências sem causar dor ou mal-estar nos demais.

Essas habilidades são adquiridas mediante a aprendizagem (observação, imitação, ensaio e conseqüências). Nesse processo, é importante que a criança seja capaz de entender os sinais do ambiente (o que me falam, como me falam, que expressão eles assumem ao falar comigo, como é o tom e o volume da voz etc.) e analisar as conseqüências dos seus atos para poder adaptar o comportamento a diferentes situações.

É necessário considerar também que se trata de um processo recíproco, no qual o comportamento da criança influencia o dos outros e vice-versa, como quando a criança recebe palavras de agradecimento, e não um grito, quando faz algum elogio, por exemplo.

O nosso comportamento será adequado ou inadequado quando se ajusta à situação, se for eficaz na consecução do objetivo pelo qual a ação foi realizada, e as suas conseqüências obtêm o maior benefício possível pelo menor custo.

O nosso sistema de comunicação é composto por um conjunto de elementos expressivos, receptivos e interativos que vão se combinando e se ajustando a cada situação. Portanto, as dificuldades na relação com os outros podem ser explicadas por diferentes déficits nas seguintes áreas:

11.1.1. O QUE SÃO?
As deficiências de atenção e dos processos cognitivos do TDAH impedem a compreensão correta dos sinais ou indicadores-"chave" para o bom desenvolvimento das interações sociais e o conhecimento das normas que regulam essas interações.

ELEMENTOS		EXEMPLOS DE COMPORTAMENTOS INADEQUADOS
EXPRESSIVOS O que se fala? Como se fala?	Verbais (conteúdo da fala)	Expressões vagas, respostas monossilábicas, falar muito mais que a outra pessoa, tiques, insultos.
	Paralingüísticos (volume, tom, fluidez)	Voz hesitante, gaguejar, falar gritando, entonação monótona.
	Não-verbais (olhar, expressão, gestos, postura, proximidade, aparência etc.)	Não olhar para o interlocutor, inexpressividade facial.
RECEPTIVOS O que falaram?	Atenção (prestada ao interlocutor)	Pensar na resposta em vez de escutar quem está falando.
	Percepção (dos elementos expressivos do interlocutor)	Não perceber o tom irônico nos elogios do interlocutor.
	Avaliação (valorização das respostas sociais do interlocutor)	Avaliar gritos como respostas agressivas e não como sinais de nervosismo do interlocutor.
INTERATIVOS O quanto se fala? De que maneira se fala?	Duração da resposta (ou da proporção de tempo)	Monopolizar a conversa.
	Turno alternante (regulado por sinais como contato visual, variações da entonação etc.)	Falar ao mesmo tempo, interromper o interlocutor várias vezes.

Além disso, as crianças hiperativas apresentam dificuldades para controlar os seus impulsos e seguir as normas. Podem ser bruscas ou lentas, movem-se em excesso, dão respostas inadequadas etc. Tudo isso se complica se considerarmos o baixo nível de controle das suas emoções.

E, finalmente, elas têm dificuldades para gerar alternativas na resolução de problemas.

Não se trata apenas da dificuldade motora em adotar um comportamento socialmente adequado (a própria habilidade), mas de todo o processo cognitivo anterior ao momento de agir, ajustando-se à situação e com um objetivo adequado a ela.

Tais dificuldades provocam interações conflituosas e desencadeiam percepções mais negativas e de maior rejeição em relação à criança. O problema é acentuado quando elas se deparam com situações nas quais os sinais sociais são ambíguos ou mudam constantemente.

11.1.2. COMO SE MANIFESTAM?

Observa-se com freqüência que a criança portadora de TDAH é rejeitada por parte de seus colegas em razão de alguns aspectos:

- O excesso de atividade da criança hiperativa interfere na vida cotidiana dos demais.
- A desinibição a leva a comportamentos inadequados, geralmente exagerados ou inadequados ao contexto.
- A falta de controle motor faz com que apresente comportamentos bruscos.
- Em razão da freqüência dos acidentes que ela provoca ou dos problemas nos quais se envolve, tende a ser vista pelas outras pessoas como violenta ou incontrolável.
- Geralmente, a criança hiperativa adota uma estratégia de resposta determinada e a mantém, ainda que as demandas da situação exijam que isso seja modificado.
- A criança apresenta emoções extremas e desajustadas.

11.1.3. CONSEQÜÊNCIAS

Com freqüência, as crianças portadoras de TDAH são consideradas estabanadas, agressivas, más alunas, desafiadoras, incontroláveis, pouco cuidadosas e muito barulhentas, intratáveis e mal-educadas.

- A criança é excluída pelos demais porque estes não compreendem a forma de ela agir. Não entendem que esse comportamento da criança com TDAH é involuntário e difícil de controlar.
- Pode-se produzir um isolamento voluntário.
- Pode desenvolver sintomatologia do tipo internalizante, como: baixa auto-estima, autoconceito pobre, somatizações, estado de ânimo rebaixado etc.

O GRANDE PULO: TROCA DE PAPÉIS

Você sabe o quanto é importante conhecer perfeitamente os sinais verbais e não-verbais no jogo de truco, correto? Por acaso, acha que conseguiria jogar bem se não fosse capaz de prestar atenção ao que o seu parceiro de jogo fala e faz? De prestar atenção ao que os adversários transmitem e de comunicar as suas cartas ao seu parceiro sem que os adversários percebam?

Imagine que, além de toda essa atenção necessária, ensinaram-lhe algo errado sobre o valor das cartas ou você se esqueceu de fazer o sinal correto na hora certa (piscar, dar de ombros etc.).

Jogando assim, alguém gostaria de ter você como parceiro? Como reagiriam os amigos com que você estivesse jogando?

11.1.4. O QUE PODEMOS MUDAR PARA MELHORAR AS RELAÇÕES SOCIAIS DE UMA CRIANÇA PORTADORA DE TDAH?

EVITAR O AUTOCONCEITO NEGATIVO
- **Não rotular** a criança como inconveniente ou agressiva.
- **Permitir que ela se explique** quando estiver envolvida em um acidente ou em conflito com outra pessoa.
- **Mostrar-lhe os pontos fortes e fracos** como parte das diferenças individuais com todo o grupo.
- **Atuar e não falar** — os sermões não servem de nada. Aqui temos que manejar o comportamento da criança.
- **Perdoar** à criança os seus erros com a certeza de que amanhã ela agirá de forma mais adequada.
- **Ensinar a criança a perdoar a si mesma** por fazer algo errado, não poder, não querer etc.
- **Buscar uma qualidade ou destreza** que a torne especial (coragem, rapidez, força etc.) e **potencializar** esse papel no grupo.

AJUDÁ-LA A REFLETIR E ANALISAR AS SITUAÇÕES
- **Treiná-la** na técnica de resolução de problemas.
- **Oferecer alternativas** para a sua conduta.
- **Mediar** os conflitos da criança, servindo de modelo de resolução de problemas.
- **Promover dinâmicas em grupo ou debates** sobre situações conflitivas e resolução de problemas interpessoais.

MELHORAR AS HABILIDADES SOCIAIS DA CRIANÇA
- **Treiná-la** para que ela se comporte de maneira adequada nas relações sociais: fazer pedidos, pedir ajuda, reconhecer dificuldades, admitir erros, saber demonstrar sentimentos de tédio, raiva etc.

É importante lembrar que, em muitas ocasiões, as crianças hiperativas com uma sintomatologia menos grave ou com mais idade (nas quais a intensidade das manifestações já foi diminuída) podem ser líderes de seus grupos, pois apresentam características inerentes a essa função, como atividade, iniciativa, avaliação superficial das consequências etc.

NA PRÁTICA

Natália é uma menina de 12 anos que foi encaminhada ao psicólogo porque o professor e os pais perceberam que ela estava muito triste e desanimada. Ela não tinha amigas, o seu rendimento na escola estava ruim, ficava sempre sozinha no recreio etc.

Na entrevista com Natália, avaliaram-se todas as dificuldades e descobriu-se que ela estava mais desanimada e frustrada com a falta de amigas, aspecto que a motivou a querer fazer terapia e pedir ajuda a um profissional.

Ela é consciente da exclusão que sofre na escola. As outras crianças não querem fazer lições em grupo com ela, não a convidam para nenhuma festa de aniversário, não brincam com ela na hora do recreio, não querem sentar-se ao seu lado (quando podem escolher) etc.

Natália tentou acabar com esses problemas da seguinte maneira:

- Fazia tudo o que lhe pediam – "Vá até o João e fale para ele que ele é um idiota".
- Promovia brincadeiras bobas para que os outros dessem risada e achassem-na engraçada, mas no fundo sentia-se triste.
- Copiava o que os outros faziam para ser admitida no grupo.

Todos os esforços, no entanto, foram em vão, e agora ela se sente impotente: *"Não há mais solução, é culpa minha. Minha vida é uma droga. Primeiro, tiro notas baixas na escola; depois, as broncas constantes que recebo em casa; depois, assumir que 'acontece alguma coisa com você', 'você é diferente', depois que 'você precisa de um comprimido', depois que não preciso de comprimido nenhum, depois que estou mais sozinha do que nunca, e agora não somente solitária, mas também que 'não te agüentam'. Quem dá mais?"*

Estava claro que era necessário trabalhar as habilidades, mas ANTES era preciso trabalhar na resolução de problemas sociais, como resolver as pequenas dificuldades cotidianas geradas pela convivência com os outros.

Cada situação vivida, por menor que fosse, era levada à consulta e analisada na chave de Resolução de Problemas:

- O que aconteceu?
- No que devo me concentrar para saber o que aconteceu?

- Que explicações devo dar?
- Qual é o meu papel nisso?
- O que quero conseguir?
- Que soluções me ocorrem?
- Qual é a melhor solução? Que critérios uso para avaliar qual é a melhor?
    - É eficaz.
    - É justa.
    - Cria bons sentimentos.
    - É segura.

Esse método foi ajudando Natália a PENSAR melhor em tudo o que acontecia ao redor com os seus semelhantes, inclusive com os adultos. Ela já era capaz de relacionar a causa à conseqüência, avaliar a sua conduta e aprender com os próprios erros.

Esse processo, sempre com a colaboração do professor para que nas reuniões individuais ela também pudesse recorrer a ele no caso de alguma situação social a ser resolvida, ajudou muito na generalização das estratégias.

Natália também participou de um grupo de HABILIDADES SOCIAIS que se reunia no centro que a menina freqüentava. Nesse grupo ela compartilhou experiências e aprendeu com crianças da mesma idade.

Em pouco tempo, a menina começou a conquistar pequenas vitórias na hora de falar com os seus colegas, pedir materiais e lições, iniciar uma conversa com alguém, pedir desculpas, tomar iniciativa para participar, dividir as coisas, contar algo pessoal, interessar-se por como estava a outra pessoa, fazer e receber críticas.

É evidente que tudo isso mudou o seu estado de ânimo e autoconceito. Como disse a própria Natália: "Isso mudou a minha vida".

ÀS VEZES, AS DIFICULDADES NA INTERAÇÃO SOCIAL SÃO AINDA MAIS COMPLICADAS PELA IMPULSIVIDADE E DIFICULDADE DA COORDENAÇÃO MOTORA (*"As crianças hiperativas querem abraçá-lo e demonstrar que gostam de você, mas elas machucam, sacodem, derrubam etc."*)
POR ISSO, ELAS SÃO MAL-INTERPRETADAS E EXCLUÍDAS.

NA PRÁTICA

Luís é muito forte e não consegue controlar isso direito. Muitas vezes, aparta as outras crianças com muita força e acaba machucando-as. Isso ocorre com mais freqüência quando jogam futebol na hora do recreio, e acontece também nos corredores ou nas aulas de educação física.

Observamos que Luís escutava broncas todos os dias, e, muitas vezes, os colegas o culpavam quando não sabiam quem havia aprontado. Seus próprios colegas não queriam brincar com ele e o chamavam de "o boxeador". Luís não compreendia por que os outros não queriam brincar com ele e se chateava cada vez mais. Foi aí que começou a brigar com as crianças no pátio.

Percebemos que Luís havia sido rotulado pelos seus colegas e por alguns professores. Freqüentemente, chamavam-no de bruto e se queixavam de que ele incomodava ou dificultava as brincadeiras. Mas, quando Luís era questionado, ele jurava que não fazia tudo isso de propósito, que sempre levava a culpa e ninguém lhe perguntava o que realmente havia acontecido.

O problema, portanto, não podia ser solucionando dando broncas no menino, pois assim ele se sentia pior e se comportava cada vez mais inadequadamente ("No fim das contas, eles vão me dar bronca por alguma coisa mesmo...").

Para ajudá-lo, a primeira coisa que fizemos foi combinar com a professora que ela intermediaria os conflitos; que escutaria as duas partes envolvidas, ajudaria na busca por uma solução ou alternativa para o problema e estaria atenta ao que seria levado a cabo. Por exemplo: sempre que jogava futebol, Luís corria muito e se chocava com um companheiro, chegava a empurrá-lo e jogá-lo no chão. Perante uma situação desse tipo, a professora mediadora deveria:

1. Ouvir as duas partes.
2. Impedir o uso de palavras ofensivas, como "bruto", "animal", "besta" etc.
3. Exigir que responsável pelo incidente pedisse desculpas ao outro envolvido.
4. Ficar atenta e supervisionar todo o processo para que ele fosse executado de forma adequada.

Além disso, consideramos que seria uma boa idéia discutir com Luís uma alternativa para evitar que ele se chocasse com os colegas: quando estivesse jogando futebol, avisaria os seus colegas de que iria atrás da bola. Estabelecemos então o seguinte acordo: nos jogos, ele deveria sempre dizer "É minha! Vou atrás da bola!". Dessa forma, não se chocaria nem empurraria ou derrubaria ninguém, já que os companheiros teriam tempo hábil para reagir. Essa dica era lembrada antes de todos os jogos de futebol por um colega escolhido pelo próprio Luís.

Em razão do sucesso obtido, foi adotado esse procedimento em outras situações com as quais Luís tinha dificuldades, como andar pelos corredores quando havia muita gente passando ou na saída do cinema. Nessas ocasiões, o aviso consistia em pedir "por favor" para deixarem-no passar.

A fim de evitar as palavras ofensivas de seus colegas, foi explicado a eles que somos todos diferentes uns dos outros e que Luís era mais rápido que todos para ver a bola e que por isso saía correndo atrás dela. Ao saberem disso, todas as crianças queriam que Luís, agora visto como o mais rápido da turma, fizesse parte do time de futebol ou voleibol.

Nesse caso, o psicólogo identificou e explicou-nos o problema de Luís, criamos soluções, realizamos um trabalho de coordenação com o professor e um trabalho individual com o menino.

Capítulo **12**

Dificuldades de aprendizagem

REPROVADO...

12.1. DIFICULDADES DE APRENDIZAGEM

O fenômeno da aprendizagem supõe uma série de operações cujo objetivo é a acumulação de dados a longo prazo para que possam ser usados novamente. Esse processo depende basicamente do fenômeno da atenção, que permite passar as experiências para a memória, operação que supõe um armazenamento de dados e, portanto, a sua consolidação.

Para isso é feito o reconhecimento do estímulo. É necessário compreender o seu significado e decidir se é interessante o suficiente para armazená-lo. Esse processo implica a organização dos estímulos no cérebro. Portanto, o processamento de dados ou a aprendizagem é um processo cognitivo ativo, por meio do qual acrescentamos novas informações às armazenadas anteriormente, sendo necessária a capacidade de organização e o uso de tais dados.

O processo de aprendizagem não está limitado a um esforço de retenção de conteúdos mediante uma repetição deliberada; trata-se, na verdade, de um processo contínuo que opera sobre todos os dados que alcançam um certo grau de significação e no qual é necessário usar as diferentes capacidades cognitivas.

Outro elemento que entra em jogo quando nos referimos à aprendizagem é a CAPACIDADE INTELECTUAL da criança. Devemos considerar uma análise multifatorial dessa capacidade, como propõe Wechsler (2005): "a inteligência tem uma estrutura hierárquica com diversas aptidões específicas agrupadas em campos cognitivos mais amplos".

Ainda segundo Wechsler (2005), a avaliação da inteligência é proposta com uma estrutura geral de quatro fatores:

COMPREENSÃO VERBAL: aptidões verbais, de raciocínio, compreensão ou conceitos. Esse fator era conhecido como QI Verbal.

ORGANIZAÇÃO PERCEPTUAL: raciocínio perceptivo e de organização, antes denominada QI de Execução.

Esses dois fatores compõem o RACIOCÍNIO FLUIDO, o qual consiste no manejo de conceitos abstratos, regras de generalização e relações lógicas.

MEMÓRIA DE TRABALHO (antes chamada "resistência à distração"): "é a capacidade de manter informação ativa na consciência e realizar algumas operações manejando tais informações e produzindo com tudo isso determinados resultados". É um componente essencial do raciocínio fluido e de outros processos cognitivos de nível superior, além de estar diretamente relacionado à aprendizagem e ao rendimento.

VELOCIDADE DE PROCESSAMENTO: refere-se à velocidade na qual se processa a informação. Está relacionada à capacidade mental, ao desenvolvimento e à capacidade de leitura, ao raciocínio pela conservação dos recursos cognitivos e ao uso eficaz da memória de trabalho. Hoje, esse aspecto é considerado um importante campo do funcionamento cognitivo, o qual é sensível a problemas neurológicos, como a epilepsia, aos danos cerebrais e ao déficit de atenção com hiperatividade.

Com esses quatro fatores, é possível abranger **a capacidade do sujeito para compreender o mundo que o rodeia e o conjunto de recursos com o qual conta para enfrentar os eventuais desafios**.

As crianças que obtêm resultados menores que a média em algum desses fatores encontram-se em inferioridade com relação às aptidões para a aprendizagem.

12.1.1 O QUE SÃO?

É muito freqüente que as dificuldades que essas crianças apresentam (impulsividade, dificuldades de atenção, problemas de autocontrole e de persistências nas tarefas) afetem a aquisição do aprendizado escolar, independentemente do nível intelectual delas.

Se comparadas às crianças sem TDAH, as crianças hiperativas com problemas de aprendizagem apresentam uma diferença muito significativa, obtendo resultados piores na Velocidade de Processamento e/ou Memória de Trabalho.

Memória de Trabalho: é a memória de curto prazo com a qual operamos. As crianças hiperativas vão perdendo informações à medida que adquirem novas.

Velocidade de Processamento: as crianças hiperativas podem ser mais lentas porque a informação se processa mais lentamente ou em uma velocidade muito irregular; ou elas cometem muitos erros por causa da precipitação com que as respostas são dadas (procedimento novamente relacionado à falta de controle no tempo da resposta).

Não são constatadas, entretanto, tantas diferenças com relação à Compreensão Verbal e à Organização Perceptual.

Aparentemente, o QI Total dessas crianças apresenta pontuações mais baixas do que a população normal.

É possível que haja crianças hiperativas que não tenham dificuldades específicas de aprendizagem, ainda que geralmente elas obtenham rendimento escolar inferior em razão da Velocidade de Processamento mais lenta e/ou da Memória de Trabalho.

12.1.2. COMO SE MANIFESTAM?

A repercussão na aprendizagem é clara:
- Dificuldade para adiar a resposta: estilo cognitivo impulsivo e ineficaz.
- Dificuldade para seguir instruções seqüenciais.
- Dificuldade para persistir nas tarefas.
- Dificuldade para analisar as informações.
- Dificuldade para alcançar um nível alto de concentração.
- Dificuldade na generalização da aprendizagem.
- Dificuldade na motivação e nos principais aspectos emocionais para a aprendizagem.

Se essas dificuldades forem transferidas para as áreas concretas da aprendizagem, podem ser comprometidas todas as aprendizagens que:

SÃO ADQUIRIDAS POR MEIO DE TEXTOS

Leitura: compreensão pobre, omissões, saltos de linha, dificuldades na integração da linguagem, dificuldades para prestar atenção às informações mais relevantes, dificuldades para organizar temporalmente a informação lida etc.

Escrita: letras irregulares, rabiscos, margens ondulantes, omissões, erros de grafia, pressão excessiva ao escrever etc.

SÃO ADQUIRIDAS POR MEIO DE EXPLICAÇÕES ORAIS E ESCRITAS E REQUEREM SOLUÇÕES DE PROBLEMAS MATEMÁTICOS

Matemática: as crianças hiperativas obtêm maus resultados porque não compreendem os enunciados, não se lembram do que foi perguntado, confundem dados relevantes, não diferenciam a informação do texto da informação desconhecida e que precisa ser descoberta, não analisam o sinal, trocam o algoritmo na metade da operação, cometem erros por causa da impulsividade, não analisam adequadamente os dados etc.

REQUEREM UMA COMPREENSÃO DAS RELAÇÕES ENTRE IDÉIAS

O QUE DEVE SER CONSIDERADO

Muitas crianças portadoras de TDAH que cometem muitos erros ao escrever são diagnosticadas indevidamente como disléxicas. Os erros cometidos são, na verdade, produto do próprio transtorno (atenção-impulsividade).

12.1.3. CONSEQUÊNCIAS

- As crianças hiperativas enfrentam as tarefas com muito esforço e não obtêm nenhum reconhecimento por isso; ao contrário, os resultados são ruins, o que resulta em reprovações.
- A motivação dessas crianças diminui no que se refere às atividades escolares, e isso interfere nos processos de memorização e aprendizagem.
- História pessoal de fracassos contínuos: suspensões, repetições de ano; o ato de aprender se converte em algo aversivo.
- Autoconceito muito pobre das próprias capacidades.
- São objeto de todo tipo de "intervenção" em prol da melhoria de resultados: professores particulares, academias, reabilitação da linguagem oral e escrita, técnicas de estudo.
- É muito difícil, quase impossível para elas, encontrar uma técnica de estudos adequada: programação, organização, controle das distrações, processos de síntese, memorização, auto-avaliação do conteúdo aprendido etc.
- São muito dependentes de um controle externo para realizar as tarefas e o estudo.
- Pais que exercem o papel de professores e professores que exercem o papel de pais.
- Supervalorização do desenvolvimento escolar perante outros aspectos do desenvolvimento da criança.
- Rejeição escolar, fracasso, absentismo.

O GRANDE PULO: TROCA DE PAPÉIS

Você seria capaz de resolver um problema se enxergasse todas as informações amontoadas? Experimente:

Em um banco estão sentados um pai e um filho e o filho já lhe disse que o pai se chama João

12.1.4. O QUE PODEMOS MUDAR PARA MELHORAR A APRENDIZAGEM DE CRIANÇAS HIPERATIVAS?

A seguir, transcrevemos as orientações apresentadas por Ana Miranda Casas (2005) no I Congresso Nacional de TDAH.

AUMENTAR O RECONHECIMENTO DAS PALAVRAS

- **Ensinar as regularidades da linguagem** mais que a memorização de letras e sons.
- Atividades para **potencializar a segmentação léxica**, identificação de fonemas, omissão de fonemas, integração de sons em palavras, associar as diferentes unidades lingüísticas (letras, sílabas e palavras) a uma chave externa (como desenhos, cores, movimentos, chutes, palmas etc.) que ajude a criança a tomar consciência e a manter a ativação durante a aprendizagem.
- **Leituras repetidas, conjuntas e em sombra** para alcançar um nível ótimo de automatização e fluidez.

AUMENTAR A COMPREENSÃO DE TEXTOS

- Antes, durante e depois da leitura do texto, é possível seguir algumas estratégias para melhorar a compreensão:
  ANTES
  - **Ativar o conhecimento prévio**: o que sei sobre o que vamos ver? O que gostaria de saber? Ou seja, treiná-las para que se lembrem do tema a ser trabalhado.
  - **Visualizar** a informação conhecida.
  DURANTE
  - **Segmentar os textos longos.**
  - **Fazer intervalos.**
  - **Eliminar estímulos que possam causar distração.**
  DEPOIS
  - **Dramatização.**
- **Usar o procedimento de auto-instruções** que inclui os passos a seguir, os quais devem ser considerados antes e durante a leitura do texto. Por exemplo:

1. Qual é o assunto da história? Identificar a idéia principal.
2. O que acontece primeiro? E depois? Identificar a ordem dos acontecimentos ou a seqüência dos fatos na história.
3. O que sentiu o personagem principal quando...? Saber como os personagens se sentem e por quê.
4. Enquanto leio, devo pensar no que estou fazendo. Além disso, preciso escutar o que falo para mim mesmo:
    - "O que estou dizendo está correto?"
    - "Lembre-se de que não é necessário se preocupar com erros."
    - "Tentarei novamente."
    - "Tenho que manter a tranqüilidade e a calma."
    - "Quando conseguir, ficarei orgulhoso de mim mesmo e desfrutarei do trabalho realizado."

- Potencializar **procedimentos colaborativos que envolvam um diálogo** com os alunos ou do tipo professor-aluno a respeito dos parágrafos de um texto lido anteriormente: reconhecer e analisar o significado das palavras, integrar as informações do texto com os conhecimentos prévios, analisar as informações literais, analisar as inferências anafóricas e aquelas baseadas no conhecimento prévio, além da elaboração de macro-idéias.
- Acompanhar com prêmios.

DIMINUIR AS DIFICULDADES NA ESCRITA

- Para melhorar os problemas na motricidade, é possível realizar **seqüências de exercícios de pré-escrita**, como técnicas não-gráficas (recortar, pintar com os dedos, colar, decalcar, colorir, pregar, quebra-cabeças, bolinha de gude etc.); técnicas pictográficas, como pintura, desenho livre e arabescos (traço contínuos que não representam um objeto específico); técnicas escriptográficas, como os traçados deslizados, os exercícios de progressão em plano vertical e horizontal.
- Ensinar as letras e os grupos de letras em conjuntos que impliquem **realizar movimentos similares** (o, a, c, g, q, por exemplo).
- Usar métodos como a **modelação** com pensamento em voz alta e guia físico.

- Enfoque multissensorial.
- Usar o modelo **que é apagado**, o qual consiste em cópias do mesmo modelo, mas com partes cada vez mais degradadas, até o modelo não ser fornecido. A cópia das letras sem sentido deve ser combinada com palavras significativas.
- Em níveis mais avançados de escrita, é possível aplicar programas que combinem técnicas de auto-instrução e auto-observação, com critérios de qualidade de escrita muito precisos, que o aluno deve observar, avaliar e traduzir em registros.

FAVORECER A EXPRESSÃO ESCRITA

- A reescrita melhora as habilidades de redação. Essa técnica consiste em fazer com que os alunos escrevam um texto que acabaram de ler ou escutar a fim de reconstruí-lo e integrar o conteúdo com as experiências prévias do aluno.
- Outros procedimentos seriam os **fundamentos**, o *brainstorming* com ou sem a ajuda de desenhos, para facilitar a aprendizagem do vocabulário e dos conceitos, e a **lista de tópicos relevantes**.
- Ter o suporte de **perguntas-chave** (o quê, como, quando, onde e por quê) e de **organizadores gráficos**, empregados na compreensão de texto e no ensino das diferentes estruturas textuais.
- Usar **cartões** ou **fichas para pensar** que incluem atividades que ajudam os alunos a ativar o seu conhecimento prévio e a estruturar o conteúdo.
- **Estratégias cooperativas** para melhorar o processo de revisão do texto:
  1. Estratégia de **revisão do conteúdo**:
     (a) A criança hiperativa deve escutar o colega e ler ao mesmo tempo o texto dele.
     (b) Ela deve contar ao colega o assunto do texto e apontar o que mais gostou nele.
     (c) Deve ler novamente o texto do colega.
     (d) Deve responder às seguintes perguntas:
        - O texto tem um bom início, meio e fim?
        - Apresenta uma seqüência lógica?
        - Há alguma parte na qual podem ser incluídos mais detalhes?
        - Há alguma parte que você não entendeu?
     (e) Deve discutir as suas sugestões com o colega.

2. Estratégia de **revisão de aspectos gramaticais**:
   (a) A criança deve ouvir a leitura do texto revisado pelo colega.
   (b) Deve comprovar as mudanças realizadas e decidir se é necessário efetuar mais alterações.
   (c) Deve ler novamente todas as orações do texto do colega.
   (d) Deve responder às seguintes perguntas:
   - As orações estão completas?
   - Elas têm os nomes próprios e as palavras iniciais de cada período escritos com maiúsculas?
   - As palavras e letras foram escritas corretamente?
   (e) A criança deve discutir com o colega as alterações que realizou.

MELHORAR OS NÚMEROS E CÁLCULOS

- Usar cadernos de trabalho com formato simplificado nos quais apareçam **poucos exercícios por página e sejam destacados os estímulos mais significativos**, a fim de eliminar os estímulos irrelevantes e redundantes que aumentam a dificuldade de prestar atenção à informação relevante.
- Usar **folhas de cálculo** preparadas **com esquemas gráficos** que representam os passos dos logaritmos.
- **Adaptações de instruções**, como a segmentação da prática, os cronocálculos, as representações gráficas ou o uso de materiais tangíveis, o uso de computadores e/ou calculadoras (com o objetivo de desenvolver as habilidades de resolução de problemas), introduzindo **intervalos para descanso**.
- Decompor **as tarefas em fases**, com o intento de reduzir as demandas da tarefa e as exigências de atenção.
- Usar **a tutoria em duplas** para que os alunos se concentrem mais no conteúdo das tarefas do que nos aspectos formais.

SOLUÇÃO DE PROBLEMAS

Uso dos **métodos de instruções**:
   (i) Apresentar **problemas da vida real** para potencializar a significância da aprendizagem.
   (ii) Favorecer a **elaboração de imagens mentais** ou a realização **de desenhos** que representem adequadamente a informação do texto do problema.

(iii) Motivar a **releitura** do problema e a **escrita da informação** que ele traz.

(iv) **Subdividir** a informação em unidades de manejo mais fácil e acompanhá-las por meio de esquemas gráficos que centralizem a atenção nas partes relevantes da informação.

(v) Ensino de "**grandes idéias**" como forma de reduzir as memorizações mecânicas.

- Instruções em estratégias de automonitoramento e em estratégias cognitivas:
  (i) Ler o problema (compreender).
  (ii) Parafrasear o problema (traduzir).
  (iii) Visualizar (transformar).
  (iv) Sublinhar as informações importantes.
  (v) Hipotetizar (planificar).
  (vi) Fazer estimativas (prever).
  (vii) Fazer os cálculos .
  (viii) Revisar (avaliar).

SISTEMA DE AVALIAÇÃO ADEQUADO ÀS DIFICULDADES DE UMA CRIANÇA MAIS VELHA COM TDAH

ORGANIZAÇÃO DO TEMPO E DOS MATERIAIS

- Dar cinco minutos para que toda a classe possa organizar o material necessário a determinada atividade. Certificar-se de que o aluno tem todo o material necessário.
- Permitir o uso de marcadores de tempo.

MODIFICAR O PROCEDIMENTO DE AVALIAÇÃO

- Realizar **avaliações curtas e freqüentes**, tratando de valorizar o que sabem, e não a dificuldade para fazer o exame.
- **Reduzir o número de perguntas** (uma por folha) e **marcar o tempo** disponível, permitindo o uso de marcadores de tempo.
- Combinar **avaliações orais e escritas**.
- Essas crianças apresentam menos dificuldades quando se trata de perguntas do tipo teste, nas quais estão presentes respostas de múltipla escolha, pois têm muitas dificuldades na organização e estruturação da informação.
- Permitir que vá à mesa do professor para mostrar as lições, pois esse movimento servirá para descarregar tensões, diminuindo a freqüência com a qual a criança se levanta da cadeira. O objetivo é que ela se levante da cadeira em momentos específicos e de forma estruturada.

MODIFICAR A FORMA DE DAR INSTRUÇÕES

- Dar instruções **claras, curtas e formuladas de maneira simples** para a realização das tarefas. Se necessário, fazer isso para cada passo a ser realizado para finalizar com êxito cada uma das partes na qual foi dividida a tarefa.
- **Destacar palavras-chave** no enunciado das perguntas.
- Favorecer o uso e a aplicação de **auto-instruções** para fomentar o uso da linguagem interna como fator importante no direcionamento dos comportamentos.

FAVORECER A REALIZAÇÃO DE PROJETOS

- **Estimular o diálogo** entre o professor e o aluno sobre o trabalho concreto a ser realizado. **Certificar-se de que as crianças entenderam a pergunta.**
- **Selecionar** cuidadosamente o nível de **dificuldade**.
- Estabelecer **metas intermediárias**.

O QUE DEVE SER CONSIDERADO

Está cada vez mais claro que na atual realidade social as informações chegam por canais muito mais rápidos, variados e interativos. Nos métodos educativos, ainda que as novas tecnologias sejam introduzidas aos poucos, ainda há muita coisa para ser feita.

Se essa renovação do sistema de ensino é necessária para toda a população, ela é muito mais necessária para as crianças com TDAH. Já foi demonstrado que a modificação da modalidade de entrada de estímulo da informação e dos métodos audiovisuais e interativos melhora surpreendentemente o rendimento dessas crianças.

Enquanto esses recursos vão chegando, trabalhamos com o que já temos, modificando a nossa atuação.

NA PRÁTICA

Marília está começando a apresentar problemas nas lições de matemática. Quando a sua professora se senta ao lado dela para fazer as contas de somar e subtrair, ela verbaliza os diferentes passos que devem ser realizados, e então Marília faz os exercícios com perfeição.

Mas, quando tem que fazer uma folha de exercícios individualmente na sala de aula, Marília comete muitos erros e, em especial, confunde as somas com as subtrações ou começa somando e termina subtraindo.

Percebemos que eram colocadas dez contas por folha e que estas terminavam amontoadas e que os sinais de soma ou subtração ficavam pouco visíveis no final.

Para melhorar o acesso às informações relevantes e evitar que as informações recebidas não se amontoassem, pedimos a ela que fizesse quatro contas por folha, com os números em tamanho maior e deixando mais espaço entre as contas. Além disso, elaboramos um sistema de identificação de sinais: ela escolheu duas cores de caneta marca-texto – com a cor laranja marcaria as somas e com a verde marcaria as subtrações antes mesmo de começar o exercício.

Para aumentar o seu rendimento e favorecer a sua atenção, pedimos a ela que ensinasse os exercícios à professora quando tivesse realizado as contas e marcado os sinais e sempre que terminasse uma folha, ou seja, que tivesse feito quatro contas.

Essas mudanças favoreceram um melhor rendimento na matéria. Por isso, acreditamos ser necessário manter tais mudanças na hora de fazer as provas, apoiando-nos em um marcador que avisa o tempo disponível para cada grupo de contas.

As dificuldades de aprendizagem que as crianças hiperativas apresentam não estão diretamente relacionadas ao nível intelectual delas. Freqüentemente, essas crianças têm um nível intelectual adequado.

Capítulo 13

Outras manifestações

13.1. OUTRAS MANIFESTAÇÕES

Em razão de todas as dificuldades enfrentadas por essas crianças no seu funcionamento diário, é fácil observar que também apresentam:

- **Baixa tolerância a frustrações**, possivelmente por causa da grande quantidade de experiências negativas acumuladas na sua história, apesar do esforço para tentar fazer as coisas corretamente. O fato de evitarem as tarefas que exigem esforço está muito relacionado à sua baixa tolerância a frustrações, em razão do limitado controle emocional e de sua reduzida capacidade de esperar pelo reforço.
- **Mudanças rápidas e bruscas de humor**, com respostas abruptas e explosões de gênio difícil. Com freqüência, não estão conscientes do que acontece com elas e, quando estão, nem sempre sabem o que fazer para mudar o seu comportamento.
- **Uma atitude autoritária**, talvez por estarem acostumadas com os adultos que cedem aos seus pedidos. Geralmente, esses adultos:
  – Desconhecem estratégias adequadas para estabelecer e manter limites.
  – Não são sistemáticos na hora de colocar essas estratégias em prática.
  – Abandonam a estratégia, pois essas técnicas não são tão eficazes nessas crianças.
- Podem **ser persistentes nas suas demandas**, exigindo muita atenção dos pais, e freqüentemente são insaciáveis na curiosidade pelo ambiente. Essas crianças podem ter momentos passageiros de raiva com mais freqüência e maior intensidade, sendo um verdadeiro desafio controlá-las e lidar com elas.
- Não **aceitam as tarefas e as responsabilidades** tão bem quanto as outras crianças da sua idade, mostrando maior desobediência. Precisam de ajuda nas tarefas relacionadas à sua autonomia quando percebe-se que os seus colegas já não precisam.
- É freqüente que apresentem **baixa auto-estima** em razão das dificuldades com as quais se deparam, do pouco reforço que obtêm do ambiente e das poucas experiências de êxito que percebem.

Outras manifestações

É muito freqüente que em situações estressantes ou em ambientes pouco estruturados, ou mesmo desorganizados (como recreios, excursões ou discussões familiares), a criança mostre um incremento na sua conduta hiperativa, ou que esta apareça como conseqüência do ambiente superestimulado, como os lugares barulhentos ou quando são fornecidos muitos dados perceptivos e simultâneos à criança.

Além dos comportamentos já comentados, sabemos que elas podem desenvolver outros sintomas de diferentes transtornos, como:

- Transtornos de conduta.
- Transtorno dissocial e condutas anti-sociais como: mentiras, agressões, pequenos roubos e resistência à autoridade, consumo de substâncias etc.
- Transtornos do humor: tristeza e, em alguns casos, depressão, apresentando sintomas como desconfiança no êxito futuro, baixa auto-estima, preocupação em ser aceita socialmente, percepção negativa das suas competências e capacidades.
- Transtornos de ansiedade: ansiedade excessiva, ansiedade de separação, fobias, tiques.
- Transtornos de aprendizagem: dislexia, discalculia, disgrafia, atraso na aquisição da linguagem falada.

Muitas vezes podemos observar uma criança com sintomatologia depressiva, ou de ansiedade, transtorno de aprendizagem etc., e, entretanto, é possível que isso seja apenas a ponta do *iceberg*, ou seja, uma conseqüência do transtorno de hiperatividade de base.

Não devemos nos esquecer de que são fundamentais a detecção precoce do problema e a intervenção para prevenir a aparição e o desenvolvimento dessa sintomatologia.

Capítulo 14

Questionário

14.1. QUESTIONÁRIO PARA FACILITAR A INTERVENÇÃO EM SALA DE AULA

Nos capítulos anteriores, conferimos muitas modificações que podem ajudar a melhorar o comportamento e o rendimento da criança na sala de aula. Em muitos casos, uma mesma estratégia pode servir para favorecer vários comportamentos de uma só vez, como dividir as tarefas em pequenos passos, a fim de reduzir os tempos de atenção exigidos e o tempo pelo qual tem que inibir seus comportamentos, por exemplo; pode-se também utilizar o sistema de fichas que favorece o seguimento das normas e o autocontrole.

Preencher esse questionário pode ajudar a:
- Ter as dificuldades mais bem definidas.
- Saber qual está sendo a atuação diante dessas dificuldades.
- Saber quais são as possíveis mudanças a serem implantadas:
  ‣ planejar os objetivos com base nas necessidades do aluno;
  ‣ determinar as estratégias específicas a serem usadas para alcançar esses objetivos;
  ‣ projetar a avaliação e o controle do tempo de duração.

Esse mesmo questionário pode ser útil como medida da intervenção, como sistema de avaliação de mudanças, sendo possível escolher em qual momento se deseja avaliar em função do programa a seguir (medida de linha de base, pré-tratamento, pós-tratamento etc.).

Também pode ser um bom instrumento para facilitar a coordenação entre as várias pessoas que podem intervir com a criança (pais, psicólogo-orientador, professores etc.) e também a generalização das estratégias que o aluno está aprendendo.

IA-TDAH:
"QUESTIONÁRIO PARA A INTERVENÇÃO NA SALA DE AULA COM CRIANÇAS COM TDAH"
(T. Bonet; C. Solano; Y. Soriano)

Nome completo do aluno	
Data de nascimento	Idade
Colégio	Curso
Nome completo do professor	
Data	

INSTRUÇÕES:

A seguir, uma relação com as possíveis modificações e intervenções na sala de aula.
– Sublinhe as que você está usando.
– Assinale aquelas que você acredita que pode começar a usar sem muita dificuldade.

1. DÉFICIT DE ATENÇÃO

CONTROLAR OS ESTÍMULOS:
- ☐ **Fazer com que a criança se sente próxima ao professor**, mencionar o seu nome, dar-lhe pequenos toques nas costas para evitar que se distraia, pedir para que repita o que ela deve fazer etc., ou **qualquer sinal que seja estabelecido previamente com ela**, para que a atenção da criança fique focalizada.
- ☐ **Diminuir os estímulos irrelevantes** presentes na sala de aula, colocando-os fora do campo de visão da criança (às suas costas). Também é possível criar um cantinho sem estimulação ou permitir que a criança use fones de ouvido para não se distrair. Isso é especialmente importante quando ela tem que realizar lições individualmente.
- ☐ Colocar as informações de maneira explícita, usar tudo que possa servir **de pista, lembrete, sinal**: *post-it*, fichas, listas, desenhos, os próprios gestos. Essas crianças não usam a "informação em suas mentes".
- ☐ **Marcadores de tempo**: elas não têm consciência do tempo, de modo que é inútil dar-lhes mais tempo – elas não conseguirão utilizá-lo. O tempo deve ser convertido em algo real com relógios, cronômetros, relógios de areia etc.

SUPERVISIONÁ-LA E AJUDÁ-LA NA AUTO-SUPERVISÃO:
- ☐ **Rotinas**, estruturando o funcionamento das aulas.
- ☐ Dar **cinco minutos** para que toda a classe **organize o material** necessário, como parte da rotina diária; para que revise se tem todo o material necessário, organize-o e elimine da mesa o que não será usado.
- ☐ As **mudanças** efetuadas com relação às rotinas são **avisadas** com antecedência.
- ☐ **Destacar os aspectos mais importantes** do problema para facilitar a sua compreensão e a resolução das lições, usando marcadores, pastas, cores etc. Se necessário, **mostre-lhe passo a passo** o que deve ser feito.
- ☐ **Colegas de supervisão**: para dar o *feedback* imediato e aliviar um pouco a dedicação do professor.
- ☐ **Ajudar o colega** com dificuldades e permitir que ele participe na organização da sala de aula, atribuindo-lhe alguma responsabilidade.

MELHORAR A FORMA DE DAR ORDENS:

☐ Dar instruções de forma **breve, clara e concisa**. Se necessário, dar as instruções uma a uma por escrito e **fazer com que a criança as repita em voz alta**.

☐ Favorecer o uso das **auto-instruções** para focalizar a atenção da criança na tarefa e nos passos que devem ser seguidos e, se necessário, usar desenhos como recurso de lembrete.

DIVIDIR AS TAREFAS:

☐ Dividir as atividades **em pequenos passos** para que a criança possa obter breves aprendizados adequados à sua capacidade de atenção. As tarefas curtas permitem que a criança não fique cansada, não entre em monotomia e nem se distraia.

☐ **Planejando as suas ações**: organizar os tempos de trabalho e descanso da criança para, posteriormente, ensiná-la a planejar as suas tarefas e usar uma agenda como meio de apoio.

☐ **Dividir o futuro**: adverti-las do que vem pela frente por meio da realização das tarefas presentes. Não falar tanto da meta, mas dividi-la em pequenos passos, focalizando no aqui e agora, e guiando as ações da criança.

AUMENTAR A MOTIVAÇÃO DA CRIANÇA:

☐ Proporcionar atividades que não sejam monótonas nem entediantes dentro de um funcionamento diário e estruturado de aula. Apresente as lições com um **material mais atraente**.

☐ Se as crianças não têm motivação, então é importante recompensá-las de modo imediato; **ganhar em dobro**: concluir uma tarefa já é um mérito, além do prêmio como conseqüência do comportamento adequado.

☐ **Reforçar e premiar os comportamentos adequados**, como estar atento, por exemplo.

☐ **Dar mais *feedback*** às crianças, dar informações sobre as suas ações com freqüência ("Muito bem, você está tentando", "Você está seguindo o seu plano... muito bem, continue assim", " Você está fazendo bem ou mal...").

☐ **Começar com os prêmios**, e não com os castigos. Elas já são crianças muito mais castigadas que as outras. O castigo funciona somente se for imediato.

2. IMPULSIVIDADE

DEFINIR AS NORMAS:
- ☐ Definir e trabalhar (tendo como apoio recursos visuais e dinâmicos, como pôsteres, anotações de caderno, dinâmicas de grupo etc.) as normas da sala de aula e as conseqüências em não cumpri-las, com essas informações colocadas em locais **visíveis** para os alunos.
- ☐ **Recordar** as normas freqüentemente.
- ☐ Definir e estruturar **normas personalizadas**, como permitir que a criança mostre a lição ao professor.
- ☐ **Obrigar** *in situ*, antes de cada situação (sair para o recreio, preparar-se para ir para casa), que a criança repita em voz alta as normas específicas para cada situação.

FAVORECER O AUTOCONTROLE:
- ☐ **Fragmentar as tarefas** em objetivos mais curtos e supervisionar com mais freqüência a sua execução, de modo que o tempo pelo qual tem que inibir a sua resposta seja menor. Conforme mencionado anteriormente, implica tempos de atenção mais curtos, o que favorece o aprendizado, por adaptar-se à sua capacidade de atenção. Por exemplo: em vez de mostrar os exercícios de matemática quando a criança já realizou todos, é melhor mostrá-los assim que termina uma seqüência de dois exercícios.
- ☐ Favorecer **o uso das auto-instruções** para que a criança controle a própria conduta.
- ☐ **Dividir o futuro**: adverti-las do que vem pela frente por meio da realização das tarefas presentes. Não falar tanto da meta, mas dividi-la em pequenos passos, focalizando no aqui e agora, e guiando as ações da criança.

PREMIAR AS CONDUTAS ADEQUADAS E IGNORAR AS INADEQUADAS:
- ☐ Implantar **um sistema de pontos no qual** a criança é premiada (no colégio e em casa) por alcançar objetivos e com custo de resposta em caso de não-cumprimento.
- ☐ **Sistema de pontos no qual a classe é premiada** pelo cumprimento das normas.
- ☐ **Ignorar** as condutas inadequadas, como interromper, e, no caso de a criança ser muito impertinente, usar o *time out*.

- ☐ **Reforçar as condutas adequadas**, como ir devagar, terminar cada pequeno passo dado, a qualidade antes da quantidade.

AUMENTAR SUA CAPACIDADE DE REFLEXÃO:
- ☐ **Estruturar o ambiente** com sinais visuais relacionados à intenção de ESPERAR e PENSAR.
- ☐ Ser **modelo no uso da linguagem interna** nos processos de resolução de problema.
- ☐ Pedir para que a criança PENSE EM VOZ ALTA, que conte o que está fazendo ou o que tem de fazer para possibilitar a produção da linguagem interna mediadora do comportamento.

3. HIPERATIVIDADE

FAVORECER MOMENTOS DE ATIVIDADE ADEQUADA:
- Tentar fazer com que os movimentos da criança sejam adaptativos, **executando pequenas tarefas** que facilitem extravasar a energia e tensão acumuladas por ter ficado quieta. Para isso, **são atribuídas responsabilidades e/ou a criança deve ajudar o professor**, como tirar fotocópias, distribuir folhas, apagar a lousa, anotar atividades e mudanças na agenda da sala ou nos horários etc.
- **Permitir à criança que se aproxime da mesa do professor para mostrar as lições.** Esse movimento servirá para ela descarregar tensões, diminuindo a freqüência com que se levanta da cadeira de maneira inadequada. O objetivo é que a criança se levante da cadeira em determinados momentos e de forma estruturada.

CONTROLE DE ESTÍMULOS:
- Passar-lhe **menos lição de casa**, e tarefas que exijam menos esforço mental, **programando períodos de descanso** nos quais ela possa se movimentar; conforme vá conseguindo, aumente o número de tarefas, a quantidade de esforço e o tempo estabelecido para fazer a lição.
- **Programar a realização** de lições que exijam esforço mental depois de períodos de movimento motor intenso, como os recreios, as aulas de educação física, jogos ou práticas de esportes.
- **Marcadores de tempo**: elas não têm consciência do tempo, de modo que é inútil dar-lhes mais tempo – elas não conseguirão utilizá-lo. O tempo deve ser convertido em algo real, como relógios, cronômetros, relógios de areia etc.
- **Permitir os murmúrios** e a **movimentação**.

MANEJAR ADEQUADAMENTE AS CONTINGÊNCIAS:
- Extinguir, não atender aos movimentos que pareçam mais descontrolados ou inconsistentes.
- Conter ou controlar esses movimentos para que não sejam reforçados por outros observadores.
- Reforçar o estar adequadamente sentado em silêncio, escutando, escolhendo uma conduta concreta para cada dia.

4. DIFICULDADES NO AUTOCONTROLE

DIVIDIR AS TAREFAS:
- ☐ Dividir as atividades **em pequenos passos, o que faz com que a persistência necessária** para resolver a tarefa e o tempo pelo qual tem que inibir o comportamento sejam menores.

MELHORAR A FORMA DE DAR ORDENS:
- ☐ Dar instruções **breves, claras e formuladas** de forma simples. Se necessário, fazê-lo para cada passo que a criança deve realizar para terminar com êxito cada uma das partes em que a tarefa foi dividida.
- ☐ Favorecer o uso e a aplicação das **auto-instruções**, a fim de fomentar o uso da linguagem interna como fator importante para dirigir os comportamentos.
- ☐ Usar o **controle externo** nas situações mais difíceis e ir retirando progressivamente, nunca de uma vez só.

AUMENTAR A MOTIVAÇÃO DA CRIANÇA:
- ☐ Deixar claras **quais serão as recompensas** por concluir as suas tarefas.
- ☐ **Elogiá-las** quando concluem uma tarefa com êxito, para que se sintam competentes e sua motivação melhore.
- ☐ **Começar com os prêmios**, e não com os castigos. Elas já são crianças muito mais castigadas que as outras. O castigo funciona somente se for imediato.
- ☐ **Levar um auto-registro de cumprimento** de objetivos e um sistema de economia de fichas.
- ☐ **Propiciar situações de êxito** e destacá-las.

AUMENTAR A CAPACIDADE DE REFLEXÃO DA CRIANÇA:
- ☐ Estruturar o ambiente com sinais visuais relacionados à intenção de ESPERAR e PENSAR.
- ☐ Ser **modelo no uso da linguagem interna** nos processos de resolução de problema.
- ☐ Pedir para que a criança PENSE EM VOZ ALTA, que conte o que está fazendo ou tem que fazer para possibilitar a produção da linguagem interna mediadora na conduta.

MELHORAR AS ESTRATÉGIAS NA RESOLUÇÃO DE PROBLEMAS:
- [ ] **Analisar** as situações e as conseqüências dos comportamentos próprios e dos alheios também.
- [ ] Pensar em **soluções alternativas** à executada.
- [ ] **Devolver à criança a informação** sobre o seu comportamento e da proximidade, ou não, com as metas estabelecidas.
- [ ] **Treinar a criança em sua auto-avaliação**, solicitando-lhe que faça julgamentos.

CONTINGÊNCIA DEPENDENTE DO GRUPO:
- [ ] **Determinar certas metas** fáceis de serem alcançadas e reforçar toda a sala como conseqüência do alcance da meta pela criança.

5. ESTILO COGNITIVO

AJUDAR A CRIANÇA A ANALISAR A PRÓPRIA CONDUTA E TAMBÉM A AVALIÁ-LAS:
- ☐ **Proporcionar-lhe alternativas** para a análise das situações.
- ☐ Ajudá-las na avaliação das suas atividades mediante um **auto-registro**, tanto na conclusão com êxito como quando não alcançam uma meta.
- ☐ **Ponto de rendimento**: aproveitar qualquer situação, conflito, problema para fazê-la pensar usando as quatro perguntas das auto-instruções.
- ☐ **Reforçar**, mais que o resultado final do comportamento, o processo de solução usado.
- ☐ **Levar a criança** a reconhecer as habilidades cognitivas usadas e reforçá-las em voz alta.

AUMENTAR A MOTIVAÇÃO DA CRIANÇA:
- ☐ **Proporcionar experiências de êxito**, para que a criança possa fazer atribuições adequadas: "O êxito se deve ao meu esforço, e não ao acaso".
- ☐ Favorecer o papel de "**ajudante do professor**".
- ☐ **Trabalhar com a imaginação**, ajudá-la e obrigá-la a lembrar de coisas passadas, de como foi a sua atuação e qual foi a conseqüência; ajudá-la e obrigá-la a imaginar todos os futuros possíveis.

AJUDAR A CRIANÇA A REFLETIR E ANALISAR SITUAÇÕES:
- ☐ **Treiná-la** na técnica de solução de problemas.
- ☐ Fomentar o uso das **auto-instruções**.
- ☐ Trocar pensamentos derrotistas, autodestrutivos ou pessimistas por **pensamentos positivos**.
- ☐ **Modelação cognitiva**, ser modelo que se auto-instrui enquanto realizamos qualquer comportamento.
- ☐ Instaurar o **diálogo interno**, utilizando o **PENSAMENTO EM VOZ ALTA**.

6. DIFICULDADE PARA RETARDAR AS RECOMPENSAS

AUMENTAR A MOTIVAÇÃO:
- ☐ Começar **baixando** o nosso nível de exigência. Permitir os sussurros e movimentações.
- ☐ Usar **recompensas** que sejam verdadeiramente atrativas para essas crianças.
- ☐ **Proporcionar experiências de êxito** para que possam obter reforçadores e aprendam a perceber que as conseqüências dependem da própria conduta.
- ☐ Como não têm automotivação, então é importante recompensá-las no ambiente imediato; **ganhar em dobro**: concluir uma tarefa já é um mérito, além do prêmio como conseqüência do comportamento adequado.
- ☐ **Dar mais** *feedback* às crianças, dar informações sobre as suas ações com freqüência ("Você está fazendo bem ou mal...").
- ☐ **Começar com os prêmios**, e não com os castigos. Elas já são crianças muito mais castigadas que as outras. O castigo funciona somente se for imediato.
- ☐ **Trabalhar com a imaginação**, ajudá-las e obrigá-las a lembrar-se de fatos passados, qual foi a ação delas e qual foi a conseqüência; ajudá-las e obrigá-las a imaginar todos os futuros possíveis.

MANEJO DE CONTINGÊNCIAS:
- ☐ **Programar e lembrar** o uso do custo de resposta para facilitar a inibição do comportamento inadequado.

AJUDAR A CRIANÇA A MANTER A MOTIVAÇÃO:
- ☐ **Lembrá-la** com freqüência **o que pode esperar** pelo seu esforço.

CONTROLE DE ESTÍMULOS:
- ☐ Colocar **lembretes visuais** (desenhos, *post-it* ou mensagens escritas) **das recompensas** a serem obtidas em lugares que pode observar com freqüência, como o caderno, a carteira da sala de aula ou as gavetas, por exemplo.
- ☐ **Marcadores de tempo**: elas não têm consciência do tempo, de modo que é inútil dar-lhes mais tempo – elas não conseguirão utilizá-lo. O tempo deve ser convertido em algo real, como relógios, cronômetros, relógios de areia etc.

7. INABILIDADE MOTORA

EVITAR O AUTOCONCEITO NEGATIVO:
- ☐ Não rotular nem fazer juízos de valor sobre o comportamento da criança, ser consciente de que ela não faz isso de propósito.
- ☐ **Destacar as suas qualidades** e propiciar o êxito.

FACILITAR A AQUISIÇÃO DE HABILIDADES PSICOMOTORAS ADEQUADAS:
- ☐ Treinamento específico em **psicomotricidade**: recortar, colorir, decalcar, pregar, contornar figuras, montar quebra-cabeças, brincar com bolinhas de gude, pintar com os dedos, fazer traçados etc.
- ☐ **Ensinar a fazer as tarefas muito lentamente**: "como se estivéssemos em câmera lenta".
- ☐ Realização de pequenas **tarefas da classe** que também acarretem em treinamento e motivação.
- ☐ **Estabelecer metas** e agir contingentemente com a sua consecução.

8. RELAÇÕES SOCIAIS PROBLEMÁTICAS

EVITAR O AUTOCONCEITO NEGATIVO:
- ☐ **Não rotular** a criança como inconveniente ou agressiva.
- ☐ **Deixar que ela se explique** quando estiver envolvida em um acidente ou em conflito com outra pessoa.
- ☐ **Mostrar os pontos fortes e fracos** como parte das diferenças individuais com todo o grupo.
- ☐ **Atuar e não falar** – os sermões não servem de nada. Trata-se de manejar o comportamento da criança.
- ☐ **Perdoar** à criança os seus erros com a certeza de que amanhã ela se sairá melhor.
- ☐ **Ensinar a criança a perdoar a si mesma** por fazer algo errado, não poder, não querer etc.
- ☐ **Buscar uma qualidade ou destreza** que a torne especial e potencializar esse papel dentro do grupo (coragem, rapidez, força etc.).

AJUDAR A CRIANÇA A REFLETIR E ANALISAR AS SITUAÇÕES:
- ☐ **Treiná-la** na técnica de resolução de problemas.
- ☐ **Oferecer alternativas** para a sua conduta.
- ☐ **Mediar** em seus conflitos, servindo de modelo de resolução de problemas.
- ☐ **Organizar dinâmicas de grupo ou debates** sobre situações conflitivas e resolução de problemas interpessoais.

MELHORAR AS HABILIDADES SOCIAIS DA CRIANÇA:
- ☐ **Treinamento** em condutas adequadas nas relações sociais: fazer pedidos, pedir ajuda, reconhecer dificuldades, admitir erros, saber demonstrar sentimentos de tédio, raiva etc.

9. DIFICULDADES DE APRENDIZAGEM

AUMENTAR O RECONHECIMENTO DAS PALAVRAS:
- ☐ Ensinar as regularidades da linguagem mais que a memorização de letras e sons.
- ☐ Atividades para **potencializar a segmentação léxica**, identificação de fonemas, omissão de fonemas, integração de sons em palavras, associar as diferentes unidades lingüísticas (letras, sílabas e palavras) a uma chave externa (como desenhos, cores, movimentos, chutes, palmas etc.) que ajude a criança a tomar consciência e manter a ativação durante a aprendizagem.
- ☐ **Leituras repetidas, leituras conjuntas e leituras em sombra** para alcançar um nível ótimo de automatização e fluidez.

AUMENTAR A COMPREENSÃO DE TEXTOS:
- ☐ Antes, durante e depois da leitura do texto, é possível seguir algumas estratégias para melhorar a compreensão:
  ANTES
  - Ativar o conhecimento prévio: o que sei sobre o que vamos ver? O que eu gostaria de saber? Ou seja, treinar as crianças para que se lembrem do tema a ser trabalhado.
  - **Visualização** da informação conhecida.
  DURANTE
  - Segmentar os textos longos.
  - Fazer intervalos.
  - Eliminar estímulos que possam causar distração.
  DEPOIS
  - Dramatização.
- ☐ Usar o procedimento de **auto-instruções** que inclui os passos a serem considerados antes e durante a leitura do texto. Por exemplo:
  - Qual é o assunto da história? Identificar a idéia principal.
  - O que acontece primeiro? E depois? Identificar a ordem dos acontecimentos na história.
  - O que sentiu o personagem principal quando...? Saber como os personagens se sentem e por quê.

- ☐ Enquanto leio, devo pensar no que estou fazendo. Além disso, preciso escutar o que vou falando para mim mesmo: "O que estou dizendo está correto?"; "Lembre-se de que não é necessário se preocupar com erros"; "Tentarei novamente"; "Tenho que manter a tranqüilidade"; "Quando conseguir, ficarei orgulhoso de mim mesmo e desfrutarei do trabalho que foi realizado".
- ☐ Potencializar **procedimentos colaborativos que envolvam um diálogo** com os alunos ou do tipo professor-aluno a respeito dos parágrafos de um texto lido anteriormente.
- ☐ Acompanhar com **prêmios**.

DIMINUIR AS DIFICULDADES NA ESCRITA:

- ☐ Para melhorar os problemas na motricidade, é possível realizar **seqüências de exercícios de pré-escrita**, como técnicas não-gráficas (recortar, pintar com os dedos, colar, copiar, colorir, pregar, quebra-cabeças, bolinhas de gude etc.); técnicas pictográficas, como pintura, desenho livre e arabescos (traços contínuos que não representam um objeto específico); técnicas escriptográficas, como os traçados deslizados, os exercícios de progressão em plano vertical e horizontal.
- ☐ Ensinar as letras e os grupos de letras em conjuntos nos quais elas estejam relacionadas pela **semelhança de movimentos** (o, a, c, g, q, por exemplo).
- ☐ Usar métodos como **a modelação** com pensamento em voz alta e **o guia físico**.
- ☐ Enfoque multissensorial.
- ☐ Usar o **modelo que se apaga**, que consiste de cópias do mesmo modelo, mas com partes cada vez mais degradadas, até que não sirva mais como modelo. A cópia das letras sem sentido deve ser combinada com palavras significativas.
- ☐ Em níveis mais avançados de escrita, é possível aplicar programas que combinem técnicas de auto-instrução e auto-observação, com critérios de qualidade de escrita muito precisos, que o aluno deve auto-observar, avaliar e copiar em registros.

FAVORECER A EXPRESSÃO ESCRITA:

- ☐ A **reescrita** melhora as habilidades de redação. Essa técnica consiste em fazer com que os alunos escrevam um texto que acabaram de ler ou ouvir a fim de reconstruir o texto e integrar o conteúdo com as experiências prévias do aluno.
- ☐ Outros procedimentos seriam os **fundamentos**, o ***brainstorming*** com ou sem a ajuda de desenhos – para facilitar a aprendizagem do vocabulário e dos conceitos –, a **lista de tópicos relevantes**.

- ☐ Ter o suporte de **perguntas-chave** (o quê, como, quando, onde e por quê), dos **organizadores gráficos** empregados na compreensão de texto e do ensino das diferentes estruturas textuais.
- ☐ Usar **cartões ou fichas para pensar** que incluam atividades que ajudem os alunos a ativar o seu conhecimento prévio e estruturar o conteúdo.
- ☐ **Estratégias cooperativas** para melhorar o processo de revisão do texto.
- ☐ Estratégia de **revisão do conteúdo**:
    (a) A criança hiperativa deve escutar o colega e ler ao mesmo tempo o texto dele.
    (b) Ela deve contar ao colega o assunto do texto e apontar o que mais gostou nele.
    (c) Deve ler novamente o texto do colega.
    (d) Responder às seguintes perguntas:
    - O texto tem um bom início, meio e fim?
    - Apresenta uma seqüência lógica?
    - Há alguma parte na qual podem ser incluídos mais detalhes?
    - Há alguma parte que você não entendeu?
    (e) Deve discutir as suas sugestões com o colega.
- ☐ Estratégia de **revisão de aspectos gramaticais**:
    (a) A criança deve escutar a leitura do texto revisado por ela.
    (b) Deve comprovar as mudanças realizadas e decidir se é necessário efetuar mais alterações.
    (c) Deve ler novamente todas as orações do texto do colega.
    (d) Deve responder às seguintes perguntas:
    - As orações estão completas?
    - Elas têm os nomes próprios e as palavras iniciais de cada período escritos com maiúsculas?
    - As palavras e letras foram escritas corretamente?
    (e) A criança deve discutir com o colega as alterações que ela realizou.

MELHORAR OS NÚMEROS E CÁLCULOS:

- ☐ Usar cadernos de trabalho com formato simplificado nos quais apareçam **poucos exercícios por página e sejam destacados os estímulos mais significativos**, a fim de eliminar os estímulos irrelevantes e redundantes que aumentam a dificuldade para prestar atenção à informação relevante.
- ☐ Usar **impressos** preparados com esquemas gráficos que representam os passos dos algoritmos.
- ☐ **Adaptações de instruções**, como a segmentação da prática, os cronocálculos, as representações gráficas ou o uso de materiais tangíveis, o uso de computadores e/ou calculadoras (com o objetivo de desenvolver as habilidades de resolução de problemas), introduzindo **intervalos para descanso**.
- ☐ **Decompor as tarefas em fases** com o intento de reduzir as demandas e as exigências de atenção.
- ☐ Usar **a tutoria de duplas** para que os alunos se concentrem mais no conteúdo das tarefas do que nos aspectos formais.

SOLUÇÃO DE PROBLEMAS:

- ☐ Uso dos **métodos de instruções**.
- ☐ Apresentar **problemas da vida real** para potencializar a significância da aprendizagem.
- ☐ Favorecer a **elaboração de imagens mentais** ou a realização de **desenhos** que representem adequadamente a informação do texto do problema.
- ☐ Motivar a **releitura** do problema e a **escrita da informação** que ele traz.
- ☐ **Subdividir** a informação em unidades de manejo mais fácil e acompanhá-las por meio de **esquemas gráficos** que centralizem a atenção nas partes relevantes da informação.
- ☐ Ensino de **"grandes idéias"** como forma de reduzir as memorizações mecânicas.
- ☐ Instruções em estratégias de automonitoramento e em estratégias cognitivas:
    - (i) Ler o problema (compreender).
    - (ii) Parafrasear o problema (traduzir).
    - (iii) Visualizar (transformar).
    - (iv) Sublinhar as informações importantes.
    - (v) Hipotetizar (planificar).
    - (vi) Fazer estimativas (prever).
    - (vii) Fazer os cálculos.
    - (viii) Revisar (avaliar).

SISTEMA DE AVALIAÇÃO ADEQUADO ÀS DIFICULDADES DE CRIANÇAS MAIS VELHAS COM TDAH

ORGANIZAÇÃO DO TEMPO E DOS MATERIAIS:
- ☐ Dar cinco minutos para que toda a classe possa organizar o material necessário. Certificar-se de que o aluno **tem todo o material necessário**.
- ☐ Permitir o uso de **marcadores de tempo**.

MODIFICAR O PROCEDIMENTO DE AVALIAÇÃO:
- ☐ Realizar **avaliações curtas e freqüentes**, valorizando o que as crianças sabem, e não a dificuldade para fazer o exame.
- ☐ **Reduzir o número de perguntas** (uma por folha) e **marcar o tempo** disponível, permitindo o uso de marcadores de tempo.
- ☐ Combinar **avaliações orais e escritas**.
- ☐ Essas crianças apresentam menos dificuldades quando se trata de **perguntas do tipo teste**, nas quais as respostas são de múltipla escolha, pois têm muitas dificuldades na organização e estruturação da informação.
- ☐ **Permitir que vá à mesa do professor para mostrar as lições**, pois esse movimento servirá para descansar tensões, diminuindo a freqüência com a qual a criança se levanta da cadeira. O objetivo é que ela se levante em momentos específicos e de forma estruturada.

MODIFICAR A FORMA DE DAR INSTRUÇÕES:
- ☐ Dar instruções **claras, curtas e formuladas** de maneira simples para a realização das tarefas. Se necessário, fazer isso **para cada passo** a ser realizado, a fim de que a criança finalize com êxito cada uma das partes na qual foi dividida a tarefa.
- ☐ **Destacar palavras-chave** no enunciado das perguntas.
- ☐ Favorecer o uso e a aplicação de **auto-instruções** para fomentar a utilização da linguagem interna como fator importante no direcionamento dos comportamentos.

FAVORECER A REALIZAÇÃO DE PROJETOS:
- ☐ **Favorecer o diálogo** entre o professor e o aluno sobre o trabalho concreto a ser realizado. **Certificar-se de que os alunos entenderam a pergunta**.
- ☐ **Selecionar** cuidadosamente o nível de **dificuldade**.
- ☐ Estabelecer **metas intermediárias**.

Capítulo 15

Alguns conselhos

15.1. ALGUNS CONSELHOS

Neste capítulo, gostaríamos de contribuir com idéias para levar de maneira saudável a tarefa educativa que dia após dia o(a) professor(a) realiza a partir do momento em que entra pelo portão da escola.

Não avaliaremos os diversos fatores que, hoje em dia, influenciam para que esse trabalho seja cada vez mais árduo, estressante e difícil, mas começaremos reconhecendo as dificuldades enfrentadas pelo(a) professor(a) para levar a cabo o seu ofício de maneira eficaz e que por várias vezes pode chegar a repercutir em sua saúde física e/ou psicológica.

Sabemos que são necessários o envolvimento e a coordenação de todos os departamentos, além de mais recursos para tal. Na esperança de que, com o trabalho de todos, sejam aprimorados alguns aspectos da ação educacional, talvez devêssemos nos questionar, em nível individual, o que podemos fazer para promover melhorias em nossa classe, em alguns de nossos alunos e, especialmente, em nós mesmos.

Os professores podem estar muito bem informados e munidos de todas as ferramentas e conhecimentos que os capacitam para o trabalho educacional, chegando a ter boas aptidões docentes, mas talvez necessitem de outros recursos e habilidades pessoais que poderiam ajudá-los a fazer frente às novas demandas do trabalho e às características dos alunos de hoje em dia.

RESUMO

- Seja responsável; assuma as suas obrigações, mas também seja realista.
- Proponha a si mesmo metas que podem ser alcançadas.
- Estude bem as orientações deste livro e escolha os métodos que possam ser incorporados ao seu próprio estilo de aula.
- Escolha somente duas ou três técnicas e as utilize de modo constante.
- Seja sincero e honesto consigo, com as suas obrigações, mas também com as suas limitações e dificuldades.
- Não exagere no otimismo e na auto-exigência, tampouco nas desculpas.
- Tenha certeza de que existem coisas que podem ser incorporadas às suas dinâmicas sem muito esforço.
- Qualquer meta alcançada, por menor que seja, sempre será boa para o seu aluno, para a classe como um todo e para você mesmo.

Alguns conselhos

- O melhor é ir "devagar e sempre", de maneira constante e contínua.
- Divida os seus planos com alguém (pais, outros professores, amigos etc.).
- Valorize-se por qualquer meta alcançada.

Aplique a si mesmo alguns dos princípios apontados anteriormente, por exemplo: reforce-se por ser capaz de realizar as técnicas escolhidas na prática, use desenhos que sirvam como lembrete etc.

Receba estes conselhos como um enriquecimento pessoal: aprender, investigar, descobrir, conseguir algo por outros métodos, com outras técnicas, incorporar à sua forma de educar e ensinar outras ferramentas que possam servir não somente para os seus alunos.

"Conhecer o outro é poder. Conhecer a si mesmo é a verdadeira sabedoria."

Livro de Tao

Como você se conhece, com certeza já sabe qual pode ser o seu pior defeito, aquele que, se não for corrigido, certamente o impedirá de conseguir aquilo que propôs a si mesmo.

Alguns possíveis defeitos:

- Ser muito exigente consigo mesmo.
- Querer conseguir as coisas rapidamente, ver os resultados de forma imediata, dificuldade em ser constante.
- Dificuldade para incorporar hábitos novos.
- Perder o controle emocional: tédio, desilusão perante as dificuldades, frustração.
- Não assumir as questões que dependem do individual.
- Buscar e encontrar imediatamente uma justificativa para deixar de fazer algo.
- Ser extremamente perfeccionista.
- Cansaço.
- Não saber se desligar, levar os problemas para casa.

Conhecer os seus pontos fracos, contar com eles e assumi-los é o primeiro passo para poder mudá-los: antecipar-se, tomar uma atitude correta com relação a eles é necessário para alcançar o enriquecimento pessoal.

Será necessário planejar o que fazer e o que pensar, e que atitude tomar para enfrentá-los.

Algumas possibilidades:

- Ser mais rígido, ou mais benevolente.
- Praticar o autoperdão.
- Aproveitar na espera.
- Aprender a valorizar qualquer mérito alcançado, por menor que seja.
- Saber se desligar, adquirindo técnicas de autocontrole emocional e cognitivo.
- Deixar de lado os problemas ao sair da sala de aula.
- Aplicar a si mesmo alguns dos recursos da técnica de controle de estímulos, a fim de ser mais sistemático e constante.

As auto-afirmações são ferramentas capazes de fazer milagres.

Aquilo que pensamos e falamos a nós mesmos é de extrema importância para o modo como nos sentimos e para que sejamos capazes de alcançar aquilo que propusemos a nós mesmos.

Elaborar uma lista de auto-afirmações, fazer cartazes em casa ou na sala de aula, repetir as afirmações todos os dias ao realizar uma atividade habitual (no café-da-manhã, no caminho até a escola, durante a higiene pessoal etc.) é uma maneira excelente de começar o dia.

Dividir os seus planos com colegas de trabalho, outros professores da criança, pais, amigos ou parceiro permitirá que você compartilhe com eles tanto as dificuldades quanto os êxitos. Essas pessoas poderão ajudá-lo a manter-se na trajetória até que seus objetivos sejam alcançados. Elas o ajudarão a encontrar soluções ou alternativas diferentes para alguns dos comportamentos da criança em questão, a enxergar as coisas de outra perspectiva etc.

Tudo isso serve para as mudanças que você pode efetuar na sala de aula ao tentar aplicar algumas das técnicas descritas neste livro, mas...

> **Não esqueça de você mesmo**

Com a proposta de Barkley (1999) aos pais de crianças com TDAH como guia, é fácil fazer uma analogia com o preparo pessoal dos professores no desafio educativo que essas crianças constituem.

SEJA PROATIVO

Não responda sempre da mesma maneira, atenha-se a um plano, avalie as dificuldades, as possibilidades de êxito, organize-se para que nada fique solto, fixe os seus próprios sinais intermediários para avaliar os resultados a curto, médio e longo prazos, pense nos seus próprios reforços e prêmios para quando alcançar os objetivos, ou nas penalidades se você não alcançá-los, elabore uma lista de auto-afirmações etc.

– Você tem a liberdade de escolher como deseja levar a sua classe e ajudar o seu aluno.
– Desenvolva o critério de escolha de maneira responsável.
– Avalie, escolha, sugira, pratique, efetue mudanças, comprove etc.

COMECE PELO FINAL

Exercite a sua imaginação e tente visualizar o último dia de aula. Seu aluno está sentado e pede a palavra para se despedir de você e do resto da sala até o ano letivo seguinte. O que você gostaria que esse aluno dissesse sobre o seu papel de professor e sobre a relação que você manteve com os estudantes?

Começar por aí o ajudará a focalizar e ver mais claramente de que maneira você pode controlar a situação e colocar o seu grão de areia para levar os acontecimentos da forma desejada.

– Não é possível ter um plano sem ter um objetivo.
– Não podemos fazer um mapa sem saber claramente de onde saímos e a que ponto queremos chegar.
– Antes de começar imaginando o final, estabeleça uma meta clara.
– Observe as estratégias pessoais e os conhecimentos que possui.
– Considere todos os pequenos passos que devem ser dados até alcançar o grande objetivo.
– Planeje todas as paradas, os descansos, as possíveis dificuldades e os modos de resolvê-las.

Aproveite o trajeto e a viagem

Coloque em primeiro lugar as coisas realmente importantes. Pense em ganhar todo mundo: os alunos, a sala de aula, os pais e você mesmo.

TENHA SINERGIA E COOPERAÇÃO COM O ALUNO

Trabalhe com o aluno de forma cooperativa e criativa, esforce-se para encontrar diversas combinações de técnicas nas interações com ele. Não existem regras fixas ou imutáveis, seja flexível e criativo, adapte-se ao aluno, e a sua relação com ele marcará o ritmo, mostrará o que funciona melhor, e essa mesma relação oferecerá modos diferentes de intervir. Isso é uma aventura, então tente deixar a mente aberta com relação às mudanças, seja criativo, busque diferentes modos de atuar etc.

RENOVE-SE

Esse conselho está na base de todo os demais; é necessário admitir que você é a maior e mais importante fonte de recursos para você mesmo e para os seus alunos, e você tem que cuidar de si mesmo para que esses recursos não se esgotem.

> De tempos em tempos, uma máquina necessita de descanso e de uma revisão, do mesmo modo que uma pessoa necessita se rejuvenescer física, mental, social, pessoal, emocional e espiritualmente.

Parar por um tempo e revisar como você está em todos os aspectos é uma de suas obrigações, e tomar as seguintes medidas nesse sentido será necessário para que você viva de maneira plena em todas as etapas.

- Boa alimentação e noites bem dormidas.
- Praticar exercício físico.
- Reservar um tempo exclusivo para si mesmo.
- Controlar a ansiedade e o estresse mediante relaxamento, ioga e/ou meditação.
- Aprender coisas novas.
- Estar em permanente e continuada formação.
- Fazer algo criativo.
- Manter e trabalhar as amizades.
- Aperfeiçoar o contato social.
- Pertencer a alguma associação ou participar de projetos da sua comunidade.
- Valorizar a relação com os seus colegas de trabalho.

Há muitas possibilidades. Qual é a sua? Em quais aspectos você deveria se renovar?

Com muita freqüência, os professores de alunos problemáticos ou especiais dedicam muito tempo e muita energia a essas crianças e ficam esgotados, sem forças e possibilidades de exercer seu papel como gostariam.

> Não se renovar e rejuvenescer torna mais provável o fracasso na hora de educar e ensinar os alunos, além de prejudicar a qualidade de vida.

O melhor presente que você pode dar a si mesmo, à sua família e aos seus alunos é cuidar de si mesmo.

Além disso, você sempre pode contar com a ajuda dos conselhos deste livro e outros tantos que com certeza você já conhece.

Por que não começar hoje mesmo?

Adoraríamos poder compartilhar com você essa experiência como professor(a) de crianças com TDAH.

Você pode entrar em contato conosco por e-mail ou pelo site abaixo:
cinteco@telefonica.net
www.aprendiendocon-tdah.com

Glossário

Autocontrole. Capacidade de controlar a própria conduta em direção a uma meta determinada, adaptando-se às demandas da situação.

Auto-instruções. Linguagem interna que auxilia no direcionamento e no controle do próprio comportamento. Essas crianças têm dificuldades para internalizar auto-instruções, de modo que é necessário guiar e modelar os diferentes passos, usando desenhos como apoio visual:

1. Análise do problema: qual é a minha tarefa?; qual é o meu problema?
2. Guia da resposta: pensarei em um plano. Qual será o meu plano para solucionar esse problema?
3. Avaliação durante a tarefa: estou usando o meu plano?
4. Avaliação final: como fiz isso?

A aplicação de auto-instruções é útil em diferentes âmbitos: autocontrole, relações sociais, aprendizagem escolar, na compreensão de textos etc.

Auto-registro. Anotações feitas a respeito do próprio comportamento. Para realizar um auto-registro, é necessário que a criança observe o próprio comportamento nas situações definidas.

Contingência dependente do grupo. Conjunto de procedimentos por meio do qual o comportamento de um aluno tem como conseqüência uma recompensa positiva para ele e para o grupo. Desse modo, melhoramos o autocontrole do aluno e a percepção e a valorização que o grupo tem do colega, trocamos possíveis atitudes negativas por outras mais positivas, e os colegas chegam a se transformar em agentes de mudança facilitadores de comportamentos adequados e em controladores externos adequados para a criança. Alguns exemplos são:

1. Toda a classe ganha um privilégio ou uma recompensa quando uma ou várias crianças alcançam um objetivo.
2. As contingências dependem da conduta individual de alguns alunos, mas é considerado o comportamento de todos eles para a concessão de recompensas, como quando são formados vários grupos para a realização de uma gincana e premia-se o comportamento de seus membros.
3. É valorizado e recompensado o cumprimento de um objetivo do grupo, como quando todos ficam em silêncio durante dez minutos.

Controle de estímulos. Modificar os estímulos e as condições ambientais que controlam ou anunciam uma situação para favorecer os comportamentos adequados e/ou diminuir os inadequados. Por exemplo: o sinal do colégio anuncia o fim do recreio e a janela aberta aumenta a distração dos alunos.

Custo da resposta. Perda de privilégios ou de pontos acumulados quando se emitem determinados comportamentos inadequados, estipulando com antecedência a dimensão da perda que cada infração acarreta. Para isso:

a) programe qual é o reforço positivo que a criança conseguirá mediante a execução da tarefa;
b) defina quais comportamentos serão considerados negativos e inadequados (e que, por conseguinte, a criança deve tentar não realizar), determinando o número deles que será permitido nesse período de tempo;
c) indique à criança que ela conseguirá o reforço somente se não ultrapassar o número especificado de falhas, mas sempre a encorajando em direção ao autocontrole, já que ela ainda tem chances de obter reforço.

Economia de fichas. Procedimento para instaurar ou aumentar comportamentos diferentes na criança, com o objetivo de que sejam convertidos em hábito por meio da obtenção de fichas de diferentes valores, que podem ser trocadas por prêmios escolhidos antecipadamente pela criança e com valor estabelecido pelo professor.

Extinção. Procedimento eficaz que reduz ou diminui o comportamento por meio da eliminação da conseqüência que o mantém. Por exemplo: a retirada da atenção do professor. Quando a conduta adequada for apresentada, o uso do reforço faz-se necessário sempre que essa técnica for utilizada.

Guia físico. Apoio físico que direciona um movimento manual ou corporal.

Manipulação de contingências. Perante um determinado comportamento e definido o objetivo a ser alcançado (aumentar ou diminuir a sua freqüência, extinguir, eliminar, fazê-lo resistente à extinção, que se mantenha pelo tempo sem necessidade de conseqüência imediata etc.), é determinada qual conseqüência se segue (reforço positivo, reforço negativo, eliminação da conseqüência, castigo etc.) de maneira contingente. A contingência se refere à relação entre a emissão do comportamento e a aparição da conseqüência se, sempre que uma conduta é realizada, a ela se segue conseqüência, ou somente em algumas ocasiões, encontrando-se diferentes padrões (de intervalo fixo/uma variável, de razão fixa/variável), cada um deles com diferentes efeitos sobre o comportamento.

Modelação. Processo de aquisição de um comportamento por meio da observação de um modelo. Aprendizagem vicariante. Nesse procedimento, o técnico pode realizar a conduta com base ou não na verbalização dos passos a serem seguidos (auto-instruções) para conseguir, posteriormente, que o sujeito aprenda tanto o comportamento motor quanto o processo de falar em voz alta os passos a serem seguidos, para realizar esse comportamento satisfatoriamente.

Reforço. Na aprendizagem instrumental, o reforço refere-se tanto ao fenômeno de aumento da freqüência de emissão de um comportamento quanto ao procedimento a ser seguido para conseguir o aumento da freqüência na emissão. A administração de uma conseqüência de maneira sistemática e contingente a um comportamento faz com que tal comportamento aumente. Os reforços podem ser sociais (carinhos), materiais (guloseimas) ou de atividades (tempo para brincadeiras).

Resolução de problemas. Processo cognitivo por meio do qual a criança aprende a tomar decisões para resolver de maneira eficaz as dificuldades sociais e escolares. Esse processo é guiado por uma série de perguntas:

1. Definição do problema (causas e conseqüências):
   - Qual é o problema?
   - Por que foi originado?
   - Qual é a minha relação com a ocorrência desse problema?
   - Quais são as conseqüências dos meus atos?
2. Qual é o meu objetivo? O que desejo conseguir?
3. Geração de opções:
   - Como posso solucionar esse problema?
   - Quais são as outras soluções que posso usar?
4. Valoração das diferentes opções: quais são as conseqüências de cada uma delas, qual é a melhor, a mais segura, a mais eficaz, a que me trará menos problemas, a mais justa, a que cria bons sentimentos nos demais etc.

5. Tomada de decisão sobre qual opção utilizar.
6. Execução.
7. Avaliação contínua:
   - Como estou indo?
   - Estou usando a alternativa que escolhi?
8. Avaliação final:
   - Qual é o resultado?
   - Usei uma alternativa adequada?
   - Usei-a corretamente?

Time out[1]. Procedimento que consiste em retirar o aluno da situação durante um período de tempo limitado (um minuto por ano de idade), dentro ou fora da sala de aula, com o objetivo de eliminar o acesso às conseqüências agradáveis que obtém por meio da emissão de seu comportamento, como as risadas de seus colegas. Esse procedimento é usado quando a obtenção das conseqüências agradáveis não depende do professor, mas dos outros elementos presentes na situação, os quais, na sala de aula, costumam ser os comportamentos dos colegas. Sempre que essa técnica for utilizada, será necessário o uso do reforço quando se apresentar o comportamento adequado.

---

[1] No Brasil, utiliza-se, com maior freqüência, o termo em inglês.

Referências

BARKLEY, R. A. *Niños hiperactivos*: cómo comprender y atender SUS necesidades especiales. Barcelona: Paidos, 1999.

BONET CAMAÑES, T. (Comp.) Aplicación de la técnica de autocontrol: la tortuga, en un aula de tercero de EGB. In: *Problemas psicológicos en la infancia*: programas de intervención. Valencia: Promolibro, 1992. p. 107-65.

CAPAFONS BONET, A.; SILVA MORENO, F. *Cuestionario de autocontrol infantil y adolescente (Cacia)*. Madrid: TEA Ediciones, 1991.

CAMP, B.; BASH, M. A. *Habilidades cognitivas y sociales en la infancia*: piensa en voz alta. Un programa de resolución de problemas para niños. Valencia: Promolibro, 1998.

DOUGLAS, V. A. The psychological processes implicated in ADD. In: *Attention deficit disorder*: diagnostic cognitive and therapeutic understanding. New York: Spectrum Publications, 1984. cap. 8, p. 149.

EQUIPO METRA. *Hiperactividad y trastorno disocial en la escuela*. Guia para educadores. Madrid: Defensor del Menor, 2002.

GRATCH, L. O. *El trastorno por déficit de atención*: clínica, diagnóstico y tratamiento en la infancia, la adolescencia y la adultez. México: Editorial Médica Panamericana, 2000.

KIRBY, E. A.; GRIMLEY, L. K. *Trastorno por déficit de atención*. México: Limusa, 1992.

MEICHENBAUM, D. H. *Cognitive-behavior modification*: an integrative approach. New York: Plenum Press, 1977.

MEICHENBAUM, D. H.; GOODMAN, J. Training impulsive children to talk to themselves: A means of developing self control. *Journal of Abnormal Psychology*, v. 77, p. 115-26, 1971.

MIRANDA CASAS, A.; MELIÁ DE ALBA, A. Psicología de la instrucción: mejora del proceso de enseñanza/aprendizaje de los niños con TDAH. In: PRIMER CONGRESO NACIONAL DE TDAH, 2005, Valencia.

MIRANDA CASAS, A.; JARQUE, S.; TÁRRAGA, R. Interventions in school settings for studentes with ADHD. *Exceptionlity*, v. 14, n. 1, p. 35-52, 2006.

MIRANDA CASAS, A.; MIRANDA, R.; SORIANO, F. *Estudiantes con deficiencias atencionales*. Valencia: Promolibro, 1998.

ORJALES, I. *Déficit de atención con hiperactividad*: manual para padres y educadores. Madrid: Cepe, 2000.

_____. *Hiperactividad*: programa de intervención cognitivo-conductual para niños con déficit de atención con hiperactividad. Madrid: Cepe, 2001.

SAFER, D.; ALLEN, R. *Niños hiperactivos*: diagnóstico y tratamiento. Madrid: Santillana, 1979.

TAYLOR, E. *El niño hiperactivo*: una guía esencial para los padres para comprender y ayudar al niño hiperactivo. Madrid: Edaf, 1998.

WECHSLER, D. *WISC-IV: Escala de inteligencia de Wechsler para niños*. Madrid: TEA Ediciones, 2005.